U0838071

河北省社会科学基金项目（项目编号：HB17GL084）

执行力：关键在于落实

“四个干”语境下落实机制研究

高民杰◎著

中国经济出版社
CHINA ECONOMIC PUBLISHING HOUSE
·北京·

图书在版编目（CIP）数据

执行力：关键在于落实／高民杰著．

—北京：中国经济出版社，2019.12（2021.5重印）

ISBN 978-7-5136-5888-1

Ⅰ．①执… Ⅱ．①高… Ⅲ．①管理学 Ⅳ．①C93

中国版本图书馆CIP数据核字（2019）第280612号

责任编辑 伏建全 孙喆浩

责任印制 马小宾

封面设计 任燕飞

出版发行 中国经济出版社

印 刷 者 北京富泰印刷有限责任公司

经 销 者 各地新华书店

开　　本 710mm×1000mm 1/16

印　　张 13.25

字　　数 180千字

版　　次 2019年12月第1版

印　　次 2021年5月第4次

定　　价 48.00元

广告经营许可证 京西工商广字第8179号

中国经济出版社 **网址** www.economyph.com **社址** 北京市东城区安定门外大街58号 **邮编** 100011

本版图书如存在印装质量问题，请与本社销售中心联系调换（联系电话：010-57512564）

版权所有 盗版必究（举报电话：010-57512600）

国家版权局反盗版举报中心（举报电话：12390） 服务热线：010-57512564

目　录

CONTENTS

第一章　提升执行力与领导力

执行力关系单位部门的竞争力，单位执行效果的优劣关键在于执行是否到位。领导力是提高执行力的关键,没有执行力就没有核心竞争力。

第二章　没有落实，一切都是空谈

在现代社会，只有靠落实，你才能在激烈的职场竞争中脱颖而出；也只有靠落实，崭新的未来才会扑面而来。所以，不管你是企业员工，还是党政干部，没有落实，一切都是空谈。

第三章　干什么——目标专注是落实的前提

"干什么"就是把事情谋准谋实。只有精准地确定目标任务，才能谋到关键处、干到点子上，才能保证工作方向正确、符合规律、回应需求。如果"干什么"不清楚、不精准，就会像无头苍蝇般乱冲乱撞，难以到达成功的彼岸。在竞争激烈的职场中，假如一个员工能够集中注意力，专注于自己的目标，便会比其他人更有把握核心的能力，工作落实的机会也将大大增加。

第四章　谁来干——高效团队是落实的主体

“谁来干”就是清晰地明确每项工作的责任主体。在明确了“干什么”的前提下，明确责任分工，做到事有人干、责有人担。明确责任主体，把各项任务都落实到每一个地方、每一个单位、每一个人，聚焦用力、同向发力、形成合力。一个人再完美，也只是一滴水；一个优秀的团队，才是大海。面对竞争激烈的社会环境，要想把所有工作落实到位，对于单位来说，团队协作无疑是一种行之有效的工具。

第五章　怎么干——做事方法决定落实效果

“怎么干”就是要拿出抓工作的思路、办法、举措。“怎么干”是抓落实的关键环节，解决的是如何把要干的事落到实处。走什么路径、存在哪些问题、怎么解决问题、用什么办法，这些都需要我们解放思想、开动脑筋，真正搞清楚、弄明白。任何工作的落实，都是讲究方法的，我们不仅要有好的落实态度，而且还要掌握好落实方法，这样，才能保证工作落实到位。而且，一个善于寻找、解决问题，寻找方法的员工，才是最有价值的员工。

第六章　何时干——提高效率是落实的保证

“什么时间干成”就是要有结果。明确每一项工作的时间表，划定重要的时间节点，明确每一阶段应达到的目标，严格按照时间进度要求部署推进、督导检查、定期通报、到期交账。“什么时间干成”的要义在于“干成”。检验是不是“干成”要靠实效来说话，而不能靠一份总结、一篇媒体的报道。真正意义上的“干成”需要客观的数据、科学的评估、前后的对比来印证，最终要经得起实践、人民和历史的检验。任何规划做得再好，设想得再独到完美，如果不付诸行动，抢占先机，是不会得到有效落实的。所以，每一位员工都应培养自己良好的执行力，提高工作效率促落实，从而为自己赢得更多的发展机会。

第七章 执着坚韧，才能落实到位

在我们的工作进程中，总有许多看起来难以跨越的鸿沟，普通人常常在困难中放弃。而对落实者来说，苦难的压力只会产生动力，他们不会轻言放弃，他们只会微笑着、执着地保证工作的落实。

第八章　结果导向，业绩考核是落实的有力证据

落实的关键在于行动，落实的效果在于结果。因此，落实不仅要付出行动，更要取得成果。任何一个伟大的想法除非能转换为具体的行动步骤，否则没有任何意义可言。

第一章
提升执行力与领导力

执行力关系单位部门的竞争力，单位执行效果的优劣关键在于执行是否到位。领导力是提高执行力的关键,没有执行力就没有核心竞争力。

一、解读执行力

1.执行力的由来

执行力是目前在机关企事业管理领域比较流行的一个概念。那么到底什么是执行力呢？通常来讲执行力就是执行并完成任务的能力，也有比较学院化的解释就是执行并实现既定战略目标的能力。

每一名领导都会对下属有要求，无论这些要求是否明确、合理，无论这些要求与期望的差距有多大，这些要求都有它们各自的结果；每一个企业都会有战略目标，无论其是否明确、合理或者宏大，每一个目标都会有最终的结果。领导与下属必须共同面对的现实是：结果与目标间有很大的差距。或者说，没有完成任务，问题在哪里呢？原因是：想法没有得到实施，方案没有得到执行，所以没有达到目标，这是一个很符合逻辑的推断，于是执行力的概念就诞生了。

执行力是一个概括性很强的概念，往往会模糊很多本来具体的东西。当结果与实际期望不相吻合时，如果只是简单地归结为执行力，这是只见树木，不见森林的做法。如果由领导说出来，只能说明他还不清楚从目标到结果之间到底出了什么问题，用执行力不强就搪塞过去，是不负责任的，他绝对不是一个称职的领导。

那么到底执行力是什么呢？其实执行就是做，要做的事复杂程度不同，需要的做事能力也不同。执行力有两个不同的层次，一是个人执行力,二是集体执行力。

2.执行力构成要素

通常来说,相对于中层的执行技能和普通职员的执行技能,高层的执行技能显得更为重要,那种认为执行力不强是下属没有按照上级的意志去落实的想法是不对的。直接把任务简单地抛给员工,当然不会得到有效的执行。如果领导把某个任务的完成标准、时间都计划好了,在下属执行的过程中进行检查和协助,而下属还是完不成任务的话,只能说领导没有把任务交代给真正有能力的人,或者说没有把任务交给更合适的人来做。

执行力是指体现在实现既定战略目标的能力。执行力不等于成员个人执行力的累加,它可以小于或远远大于个人执行力的累加,因为执行行为还包含了其他诸如信息传递、协调分工等特征。

执行力主要包括三个因素,即流程、技能、意愿。流程是指运作流程,包括管理流程和业务流程;技能是指员工的职业执行技能,即个人执行力的构成技能;意愿是指员工工作的主动性和热情。

高效的运作流程就好像一条先进的生产线,执行技能强的员工就是生产线上熟练的技工。只有先进的生产线没有熟练的技能,就不能将生产线的效能最大化。同样的生产线,同样熟练程度的技工,如果一边是热情高涨,一边消极怠工,当然是士气高者胜。

流程、技能和意愿是执行力的铁三角,各边边长越大,三角形面积越大,执行力就越强;相反,如果把这个三角形的任意一边朝内移动,三角形的一条边变短,面积也会变小,整体执行力也就下降。

3.执行力的五个关键词

单位无论是大还是小,都有一套缘于实践而且又非常理性的战略套路。但为什么最后的功效却大相径庭呢?主要是因为在最后的执行环节上出现了问题。一家公司与竞争对手的区别,不在于企事业高层战略,而在于它最后的执行能力,因为执行力关系到企业竞争力的强弱。执行力归纳为五个关键词。

(1)沟通:沟通是前提

沟通是执行力提升的基础。执行的过程也是沟通的过程,建立一套良好的沟通体制,可以保证单位战略方针得到切实的执行,通过沟通确保能找到工作中存在的问题,并提供切实有效的方法来找到问题的答案,从而真正做到对事不对人。如果能够建立起一套良好的沟通体制,加上符合战略发展需要的执行工具,就可以打造一个统一的管理对话平台,让员工按统一的方式来处理工作中出现的执行问题,用统一的语言来进行沟通,做到知行统一。

(2)协调:协调是手段

一块石头在平地上只是一个死物,而从悬崖上掉下时,可以爆发出强大的能力,这就是集势。把资源协调调动在战略上,从上到下一个方向,能达到事半功倍的效果。好的执行往往需要一个公司至少百分之八十的资源投入,而那些执行效率不高的公司资源投入甚至不到百分之二十,中间的百分之六十就是差距。

(3)反馈:反馈是保障

反馈可分为市场主动反馈和市场被动反馈两种途径。按执行的好坏经过反馈可知,反馈得来的效用可以用具体而细致的数据来展示,也可以从数据形成的曲线中了解产品销售走势或者市场占有率等情况,以趋利避害。

(4)责任:责任是关键

单位的战略应该通过绩效考核来实现,而不仅仅从单纯的道德上来约束。要有一种明确的奖惩制度,让其与员工的责任挂钩才不会使执行做无用功。具体奖惩措施:奖金、工资调整、轮岗、评选优秀、储备人才培养等,同时实行一定比率淘汰制,增强员工的责任意识,从而更好地管理执行力。

(5)决心:决心是基石

决心不仅可以作为成功人士的人生信条,适用于个人的成长,也适用于管理执行。成功就像一扇门,如果已经找到战略这把钥匙,那么现在需要的只是把钥匙插进去并朝正确的方向旋转。

二、执行力及其现状

1.执行力弊病表现

通过一套有效的系统、体系、组织、文化或技术操作方法等把决策转化为结果的能力，即是有效的执行力。而在现实中，执行力往往不能得到充分的发挥。目前，执行不力是一些企事业单位的通病，它的主要表现形式如下：

(1)不知执行力为何物

这种弊病表现为：把执行力曲解为权威或权力，领导或老总说了算，没有合理的制度支撑；或者有一些制度，但实际运营是老总凌驾于制度上。这样的情况就会造成领导不知执行力为何物。

(2)议而不决，执而不行

这种弊病的表现为：有相关的制度为执行做支撑，但常常是策略、愿景一箩筐，流于口号管理，议而不决，执而不行。特别是出了问题反应慢，不能有效地执行解决问题的方案。

(3)执行阻力大，效率低下

这种弊病表现为：已形成比较完善的管理制度并重视执行，但缺乏合理的执行系统，执行阻力很大，以至于控制不力，效率低下。很多优秀企业都有如下困惑：为什么有先进的技术、高素质的员工和正确的战略方针，效益仍然不理想呢？原因就是没有合理的执行系统，导致执行不力和执行失真。再好的策划方案，如果不能执行下去,它就等于零。

2.执行力误区分析

有据可查，在企业成功的要素中，决策占30%，而执行则占60%,其他的要素共占10%。很多企业意识到执行的重要性,开始进行执行系统建设及加强对执行者的培训,但仍存在许多问题,具体如下：

(1)执行系统的四大误区

①核心重点误区。

一些领导常说这样的话:这次会议的重点决策共15条,核心点10个。其实,重点很多就表示什么重点也没有,因为重点常常是急需解决的两三个核心问题。如果把假重点和真重点混在一起,下面的人无法合理地配置时间和精力,不能有针对性地去解决问题,必然会挫伤员工的积极性,降低执行力。

②机会主义经营思维误区。

小企业做大之后将面临两种选择：专业化或多元化。一般而言，合理的多元化对品牌扩张和业务扩张确实有利，并能降低风险。但在扩张过程中,机会主义思维占据领导者的大脑,使得经营战略、管理制度与管理理念朝令夕改,令员工无所适从,当好的战略或制度出台时却得不到有效的执行。

③细节误区。

企事业单位之间的差距从细节开始,1%的细节可能导致100%的失败。假如一个餐厅什么都好,但服务员的手却很油很脏,结果就会导致前面所有的执行效益为零。

④激励机制误区。

激励机制误区的主要表现形式有两种：

一种是对A进行严格考核，但把奖励给了没被真正考核到的B,原因是没能区别投机取巧的人所致。因为投机取巧的人善于做表面工作,而踏实做事的人反而不擅长这些,结果一考核,踏实的人反而不合格,而投机取巧的人却合格了,奖励就这样被窃取。

另一种是只奖励成功者,不奖励失败者。这样员工就只重视结果,不重视精神和思想,这对企业文化是一种挫伤,容易让成功者骄傲,而让失败者更加气馁。

(2)执行者的四大误区

①心态误区。

总是认为上面的决策是不合理的，在执行过程中喜欢按自己的意思去改动，结果一级一级地改动下去最后导致了执行的完全失真。

出了问题就怪下属、怪环境、怪条件差,动不动就是“都是某某的错”“客源不足,竞争对手又太猛了”这些辩解的话。

在同事面前就说上司或其他同事的坏话，在外面就说公司的坏话,无视公司形象。见同事的奖金比自己高就眼红,就攻击别人,从不检讨一下自己。

以为自己是个主管或部门经理就了不起了，在下属面前摆架子。这些心态误区最大的弊端就是容易激化内部矛盾,极大地削弱执行效率。

②能力误区。

在能力上存在误区的人,往往不求上进,非但不能成为单位进步的动力,反而是执行的阻力,因为他不能吸收新思想、新理念,安于现状,反对变革。

有些执行者智商高,精力充沛,但却把能力用在打牌打麻将、喝酒或搞人际关系上,不但无用反而还会起负面作用。

纵容能力不够的人，这主要是由于两个原因：一是不想得罪人,充当老好人;另外就是怕手下的人能力过强,超越自己,所以就起用能力只有自己80%的人。这样,执行力无疑就大打折扣了。

③授权误区。

很多领导热衷于把权力紧抓在手中,事必躬亲,结果下面的人没事干,而自己却累得要死,且执行效率还不高。整天瞎忙不是敬业,而是阻碍效率的提升。

④团队精神误区。

有的领导把团队精神和团伙精神搞混淆了,和上级、下属称兄道弟,搞权力投机。有时还过于维护自己的领导尊严。在下属面前卖弄权威,不动一手一足,不起表率作用。很多执行者虎头蛇尾,做事就是开始那阵子热,过了第三天就开始松懈了,再过段时间就撒手不管了,一旦形成这种习惯,那以后的任何决策都无法彻底地执行下去。

3.执行过程中的阻力

在执行过程中可能会遇到阻力,总结起来主要有以下几点:

(1)无知的阻力

有些领导对情况不清楚,蠢得可爱,拗得可气,与他合作的人,真是秀才遇见兵——有理说不清。希望这样的领导认真学习,深入实际,摸清情况。可喜的是,这样的领导越来越少了,但也不可不防,特别是一些主要领导。

(2)自满的阻力

许多领导认为自己的管理绝对是一流的。但半年过去了,通过交流,却得出这样的结论,我们什么都做了,但什么都没有做细。克服了孤芳自赏、故步自封的自满情绪，才会有较快的进程。

(3)习惯的阻力

很多公司有一些习惯的做法一直做了很多年，要改起来也难。例如，几年前，青岛啤酒厂要生产低度青啤时，很多权威人士认为那就不是青啤了，这都是习惯在作怪；要想创新，就必须要有所突破。如果一个单位长期维持原状，势必会被市场无情地淘汰。只有敢于向习惯开炮，才能勇攀高峰。

(4)利益的阻力

在领导的执行过程中，许多工作涉及个人的利益，比如竞争上岗是不是危及某些人的用人权，招标投标是不是断了某些人的财路，推行信息化会不会限制了一些人的权力。

必须具有无私无畏地为公司发展的理念，如果没有对办厂是要赚钱的根本认识，在执行中就不会那么坚决。

(5)权威的阻力

权威是至高无上的，社会不能没有权威，但权威只代表过去，而没有将来的权威，可中层领导往往在高层领导发言或表态后就服从了，从而失去独立思考、讲求实际的机会，影响了执行的效果。

领导要克服这些阻力，就不能喊一些哗众取宠的口号，做一些花拳绣腿的功夫，让时髦退场，让基础登台，扎扎实实地做好基础工作。

4.执行力不佳的因素

当结果与预期出现差距时，往往将原因归结为执行力不佳。光知道执行力不佳不能起到任何作用，必须知道是什么造成了执行不佳。执行力不佳的原因主要有八个方面：

(1)领导没有常抓不懈

这主要表现为两个方面：大的方面是对政策的执行不能始终

如一;小的方面是有布置没检查,检查工作时前紧后松,工作中宽以待己,严于律人,自己没有做好表率,等等。所以一个单位出了问题首先要看主要负责人。要想强化执行力,必须在每个方案出台时引起管理者的高度重视,凡是牵扯到管理者的方面一定要率先示范,做出表率。

(2)管理制度不严谨

这主要表现为:对管理制度没有经过认真论证就仓促出台,最后导致了真有好的制度、规定出台时也得不到有效执行。解决这种问题可以从正反两个方面入手:一是选其首恶,找一个能够引起他人警觉的人,杀鸡儆猴;二是树立正面典型,通过范例告诉大家公司的意图,通常的做法是大力鼓励表彰先进等,以期改变执行者的意识。

(3)制度本身不可行

有的单位用各种考核制度企图达到改善执行力的目的,但效果却不容乐观。因为单位每定一个制度就是给执行者头上戴了一个紧箍咒,也进一步增加了执行者内心的逆反心理。最后导致员工敷衍了事,使单位的规定流于形式。

文学大师郭沫若说:吃狗肉是为了长人肉,而不是为了长狗肉。拿到制度建设中来也很有讽刺意味。有些企业把西方所谓的先进管理制度全盘照搬,生搬硬套,结果导致了水土不服。针对性和可行性是制定制度时必须要考虑的两个原则。

(4)流程烦琐不合理

有这样一些不良现象:处理一个文件只需要7分钟,但耽搁在中间环节的时间却多达4天。有时一件事需要各个部门进行审批,导致具体执行人员失去耐心而影响执行的最终效果。因此,缩短非必要部门的中间审批环节，提高作业效率，进行科学的流程再造是制度得以有效贯彻执行的必要措施。

(5)作业中缺少良好的方法

通常公司在作业时会组建一个项目小组，然后把工作进行分解，A、B、C、D每人负责一摊活，最后进行汇总。这种作业方式没有把作业人员的能力形成合力，而是分散了作业的实力。1+1没有大于2，甚至能不能等于2都是个问号。

遇到有这样问题的单位应该充分发挥团队的作用，利用大家的智慧先确定思路上的原则性东西，先保证大家努力的方向不会错。不至于本来应该向东走，但开始的时候不进行明确，等某人往西走了一公里才说错了。如果是取药救人的话，恐怕会延误治疗，后果不堪设想。

(6)缺少科学的监督考核机制

工作中缺少科学的监督考核机制一般包括两种情况，一是没人监督，二是监督方法不对。前者是只要做了就行，做得好与坏没人管，或者是有些事没有明确规定该哪些部门去做，职责不明确，所以无法考核。如管理真空或者管理重叠问题，导致有事情的时候没人负责。后者是虽然有人监督，但监督的方法不对，往往造成事倍功半的效果，使得人力、物力被大大地浪费。

(7)培训中的浪费

很多单位十分重视员工的培训，培训的范围也很广泛，从管理到技术，从技能到心态等应有尽有，这反映了对提高员工能力和增强凝聚力的重视。很多单位往往是培而不训，人为地减少了培训中的步骤，使得培训变成了走过场。

培训的四大步骤是：讲解、示范、演练、巩固。大多数的培训可能就做了第一步。具体到工作中怎么做就没人过问了。好的培训不仅仅是讲怎么骑马，还要进行示范，再把你扶上马，让你自己去体验，最后再送你一程，看看行了才算结束。

(8)企业文化没有形成凝聚力

公司的企业文化没有形成凝聚力，事实上是公司的企业文化没能有效地获得大家的认同。企业文化是力图通过影响执行者的意识进而改变其心态，最终让执行者自觉改变行为的一种做法。

企业文化的力量体现在两个方面，一是监督力，二是执行力。

文化是一种认同。假如一个企业已经形成了良好的风气，如果有员工的行为和企业的文化不符，就会有人提醒他，告诉他应该怎么做，这种善意的提醒就是一种融入日常生活中的监督。

要强化企事业单位的执行力，必须从制度的制定者到制度本身都进行加强，充分考虑到环境对执行意识、心态的影响，还要对执行者进行正确的引导，才能使一个规定得以顺利地贯彻执行。制度约束可以让执行者做到60分，你也说不出什么来，但如果注重强化执行力，同样的人、同样的条件、同样的方法，可能会取得80~90分的效果。

三、为何提高执行力

1.执行力是企事业单位发展的利器

有时,即使企事业单位里的规章制度相当完善,领导仍会整天抱怨开展工作举步维艰,命令得不到充分的执行,好的创意和方法无法开展和实施。有的不缺乏有远见的目标和周密的计划,但是却因为种种原因而无法实现,原因就是执行不力。

以前很多企事业单位较少关注此方面的问题, 所以造成了今天执行力成为管理中的黑洞,它消耗了大量时间资源,增加了不稳定因素, 不仅使得目标无法实现, 还危及了企事业单位的兴衰存亡。但是有效的执行力是受到很多方面因素影响的:

(1)执行力文化

在全球化竞争的时代里, 企事业能否存活下来进而实现可持续发展的目的,关键取决于它是不是学习型的组织,它能不能迅速感知外界的变化,并迅速地改变自己以适应这种变化,其中执行力的作用至关重要。

从某种意义上可以说,单位的竞争就是执行力的竞争。而执行力的有效性需要有良好的执行力文化做支持。

(2)核心竞争力

如果企业有了强大的执行力文化,就会拥有核心竞争力,即它自身区别于其他企业的不可被效仿的关键成功因素。

企业核心竞争力的实质就是领导力、竞争力、执行力的完美组合。领导力是成功的先决条件,它需要领导者将个人的谦逊品质和职业化的坚定意志相结合,建立持续的卓越业绩。一个卓越经理人的胸怀是他(她)领导的企业的执行力的上限。

竞争力是组织成功的坚实基础，现在的商业竞争局面日趋激烈,是以前没有遇到过的,只有培养和打造自己独特的竞争力,才能实现企事业单位的持续发展，而执行力是组织成功的必要保证和重要手段。

(3)执行力所处环境

环境不仅指企事业所处的外部环境，如国家的政策、法律法规、行业的惯例等,还包括企事业的内部环境,如企事业的大小、人员的多少等。内、外部环境对执行力的有效性确有一定的影响,有时在某些方面甚至左右着执行力的大小。但是,更重要的还是领导者和成员对于执行力的重视程度。每个人、每个管理者都会有一种固有的思维模式，并已经形成了行为和习惯，就像蚕作茧自缚一样,在创业初期即已形成一种价值观,认识到冲破这层茧是非常困难和痛苦的。这就是为什么在变革时期,每当推出一次重要的改革举措的时候,创业之初的“主力军”却成了改革的“阻力军”的根本原因。

(4)领导的行为倾向

领导的素质和技能也是影响执行力的重要因素。领导是企业中最大的执行者,领导自身能力的强弱、高低,直接影响了单位决策的运行。在现实情况下,领导往往在执行过程中犯各种看似很小的错误和过失，可能当时无法被觉察或虽然觉察到了但没有看到它的危害性,经过一段时间后,危害性才逐步显现出来,当意识到时,却为时已晚。

比如领导在接受上级任务时,可能授权本身就不明确,而自身在不清楚目标的情况下就分派下属去执行;或者在日常工作中事前无计划,执行过程中无检查、监督,事后没有考核,整个过程没有形成控制体系;或者错误地理解了领导者的意图,丢了西瓜捡了芝麻,本末倒置,对工作不分轻重缓急;或者根本没有先后次序重要程度的区分,等等。以下是领导在执行过程中的几种行为倾向:

一是主次颠倒执行;

二是救火式的执行;

三是目标不清楚、无计划执行;

四是虎头蛇尾执行;

五是依赖上级执行或替部下执行;

六是缺乏主观能动性执行或不能创新执行;

七是不能追求卓越执行,满足现状;

八是信息不畅、数据不明执行;

九是推卸责任执行;

十是粗放性执行,流程没有细化。

领导人员能力培养在企事业运行中的地位,以及他们对于执行力影响的能动作用,只有从团队、激励、控制、系统、方法等多个方面去理解和感悟,并提高到战略的层面上审视它、关注它,才能更好地解决这一问题,从而去填补战略目标和现实结果之间的鸿沟,使美好的远景规划变为现实。

2.执行力是单位发展的护身符

领导应扎扎实实地深入市场,了解、熟悉和掌握产品本质性和个性化的规律。

现在许多单位内有股浮躁风气，好像产品的成功是由于策划公司凭借创意和炒作托起来的。对概念的追捧和对卖点的狂热形成了市场运作中的泡沫，表面上看似轰轰烈烈，但实际上产品被消费者真正接纳的又有多少，多数还在渠道上周转，仅仅是货物的库存转移，并没有实现真正的销售。遗憾的是，许多人并没有真正意识到这一点。

说起执行力，关键是人员素质要迎合产品在市场中的推进进程，企划思路和策略确定形成后，如何贯彻落实成了整个营销系统的关键。当前，流通领域发生了一系列变化，连锁商业和超市业态对于传统百货业带来了冲击，谁占领、维护、管理好终端，谁就能在市场中制胜。

市场经济时代产品的严重过剩导致了竞争的日益加剧，面对众多的功能趋同和终端类似的产品，要突出重围，杀出血路，执行力应成为市场运作和产品导向上的主旋律。应强化扎实细致的工作作风，对于一项具体业务，应做深、做透、做实、做活。在管理核算上精打细算，在市场推广上精耕细作，把空中和地面的宣传资源迅速整合，形成合力，并努力提高产品的铺货率和终端市场的渗透力。

良好的执行力不光是工作的落实和有序管理，更是强调以人为本的理念和服务为主的价值行销工程。执行力是模仿不了的，许多产品的运作成功，并不是有多奇妙的策划和创新思路，而是实实在在的执行力，执行力已经成为产品运作中的强大竞争优势。同时，在与目标客户沟通中应建立起人情化的服务平台，单位立足的根基才会牢固。

3.提高执行力是当务之急

衡量一个单位运作的优劣不仅要看有没有制胜的战略，也要看做了什么、怎么做的以及效果怎样,结果是执行力的具体体现。正如车间的工作一样,没有制度可以制定制度,而有了制度如何督促、激励、检查并认真贯彻执行制度则是更重要、更艰巨的工作。

(1)敬业

敬业精神不光体现在对本职工作的热情上，更重要的是体现在努力提高自己的工作水平、提高自己在工作中发现问题并解决问题的能力上。

有些工作比较烦琐冗长，管理者应具有极强的分析问题能力和超乎常人的敬业精神。管理者只有提高专业理论知识水平,扎扎实实地做好各项基础管理工作，积极了解并汲取国内外先进的工艺技术,为己所用,强化敬业精神,要求别人做到的自己首先要做到,而且还要很好地做到,才能赢得别人的认同。真正热爱自己的工作,每天尽自己所能把工作做得力求完美,尽量让周围的人从自己这里感染到这种热情。

(2)视同事为合伙人

视同事为合伙人的本质是大家都是单位的员工，只是分工不同而已,有的是管理者,有的是被管理者,但实际工作中只有工作者。自己应当以扎扎实实的工作去扮演一个合作者的角色,而不是牛气烘烘的领导者。死盯着别人缺点不放对工作不会有任何帮助,和谐一致的工作氛围有利于提高工作效率。应发现合作者身上的优点,并通过各种手段使他们发扬这种优点并改正身上的缺点。对同事们身上的缺点与其耿耿于怀，不如通过自己的言行使他们意识到并改正这些缺点。

(3)激励你的合伙人

这里的激励,指的是日常工作中的激励。让每个人每天上班前都接受新的挑战,唤起他们的战斗欲,激励他们迎接新的挑战,并适时鼓励你的合伙人,这样能起到事半功倍的效果。

(4)坦诚的交流与沟通

许多领导在工作中遇到和同事们交流与沟通的障碍时,不知道应该是告逃避还是反思。领导应尽可能地与同事进行交流,他们知道得越多,理解就越深,对事情也就越关心。一旦他们开始关心,信任能够产生巨大的能量,没有什么困难能阻挡他们前进的步伐。

只有信任同事们,才能最大限度地发挥大家的力量,从而有力保障单位高效运转。

(5)正确对待成功与失败

领导成功时要庆祝,但失败时也不能耿耿于怀。出现问题必须积极查找原因,不找出问题的所在就不可能避免此类问题再次发生。通过查找岗位对规章制度的贯彻执行情况中的失误和纰漏,使他们得到经验、吸取教训,提高操作水平。尽量创造一种宽松和谐的气氛,避免岗位因过度的紧张而造成工作的再次犯错误。

(6)逆流而上,另辟蹊径

束缚我们思想的老传统、老观念已成定式,如果自己工作中不解放思想、把技术管理工作做严做细,那么围绕改造后出现的新问题、新要求,就不可能很好地驾驭。

4.执行体系对单位的价值

运营系统是由一系列看得见的规章制度、流程和管理工具,还有一些看不见的要素组成的。比如团队领导者执行力的提升和培养、执行文化、执行流程等。

能够在竞争中脱颖而出的企业，往往是那些能将每个新方针和战略都彻底执行的企业。当企业的能量没有随企业的规模得到相应的增长时,往往规模反而成了企业家的累赘,并最终成为失败的主因。这就是为什么很多人在分析企业的竞争优势时,总强调小企业可以经常做到"船小好调头",在企业的灵活性和快速性方面更优于大企业。但是,如果能在获取规模优势的同时,又不丧失执行的灵活性和快速性,那么,大企业获取的持续竞争优势就更胜于小企业。而这就需要企业有一个高度完善的执行体系。

在追求完美的竞争战略的同时,不能忽视对执行体系的建立。一个健全完善的执行体系是大公司的解毒剂，它能消除大企业带来的官僚主义,而企业就可以摆脱冗沉的身躯,使自己更灵活、更快速，同时又不失大企业的规模能量。这正是现代企业的取胜之道。企业的成长除了受市场因素影响外,政府部门的保护和扶植也是企业成长的一个原因。随着市场开放程度的加大,这种保护和扶植会渐渐地失去。政府干预更少、市场管理机制更完善,这个时间很快就会到来。在同一起跑线上,谁能更灵活、更快速、执行更坚决,无疑将拥有更多的竞争优势。所谓"两军相逢勇者胜",今天的商业战场上,两军相遇,毫无疑问是执行力强者胜。

四、如何强化执行力

效率源自执行力。作为一个单位,再伟大的目标与构想,再完美的操作方案,如果不能得到强有力的执行,最终也只能是纸上谈兵。执行力较弱的公司也是缺乏成效的公司。要强化执行力,需要做好以下几点:

1.确定目标

目标建立在对企事业单位内外部信息和各类资源进行认真分析,特别是建立在对一系列问题得以确认并提出构想的基础上。这是确立目标的基础,前期需要做大量的分析调研工作。

对于企业运行来说,目标是系统的,有层次的。“千斤重担大家挑,人人肩上有指标”,这里的“指标”就是目标。

目标必须分解,以求更具体、更具操作性。企业目标明确了,执行力才有了前进的方向,而不是像盲人骑瞎马,走到哪算哪;目标明确了,不同的职能部门、不同的员工在工作中才能形成一股合力,从而更好地发挥知识与技能的聚合作用,从而更好地促进目标的达成。

2.团结协作

大家可能都知道团结起来力量大,但说起来容易,做起来难。由于每个人在利益追求上的偏差和自身素质的不同,不一定都能做到团结协作,这就需要企业和单位创造一种团结协作的环境。为了确保团结协作能够切实有效执行，可以从以下几个方面入手：

(1)要树立一种美好的愿景

让员工看到单位发展的前途和方向，为共同的奋斗目标而努力。一个拥有美好愿景的公司，在一定程度上可以过滤掉员工不正当的思想和行为，有利于员工的团结。

(2)建立明确的工作职责及合理的薪酬体系

清晰的工作职责，有利于员工在工作中找准努力的方向，并加强团结。因为任何目标的达成多数是在团队协作下完成的，不团结就无法达到目标。如果再与合理的薪酬奖惩体系挂起钩来，则对员工之间的团结起到一种有效的促进作用。

(3)加强员工的教育

教育员工不仅是职业道德的要求，也是自身发展的需要，同时与自身的经济利益密切相关。

3.掌握知识与技能

知识与技能是靠人员来提供的，不仅体现在完成任务的能力要求上，也体现在完成任务的效率与质量上。对一个人的知识与技能的考核不是仅仅局限于他的能力素质，而是要把它放在时间、费用、质量、对周边环境的影响等多方面进行评估。因为同样完成一件事，所花时间有长短，费用使用有高低，完成的质量有好坏，对资源的使用有多少，对周围环境的影响有好坏。

现代社会是一个讲究效率的社会，任何一个项目的成功运作都有时间和资源的要求，要把它放到一个系统中去给予重视。一项任务完不成，下一项任务就无法开展；一个目标实现不了，就会影响整个目标。这样就对从业人员在知识和技能层面提出了更高的要求。

五、执行力提升对策

1.科学的执行系统是前提

执行不力的主要问题出在执行系统和执行者上，有效的执行力要求建立科学的执行系统和调整执行者的心态与行为。

(1)规范战略,明晰流程,提炼核心

在战略制定时,不能朝令夕改,必须保持严谨的态度,以便执行者能坚定地执行下去。在企业庞大的业务网络中,找出几条主要的链,根据链的实际情况,明晰链的每一个流程,把复杂的东西简单化,把简单的东西量化,用流程去制约、规范并推动执行者的工作。让执行者通过该流程知道自己该做些什么,应该怎么做。同时还要在每个链中提炼出几点核心内容，以便执行者能优先配置执行资源,而不是到处是重点,漫无边际。

(2)建立执行力文化,重视团队建设

①培养员工对公司的忠诚。

忠诚不会不请自到。要想员工对公司忠诚,公司首先要对员工忠诚,要履行对员工的每一个承诺,关心员工,爱护员工,不能对员工开空头支票。

②培养员工的奉献精神。

人不是天生就有奉献精神的,公司可以用“你把工作超额完成了,公司会亏待你吗?能亏待你吗?”等理念来教育员工。同时予以一定的物质奖励，让奉献有回报，以此来激励员工。

③培养员工坚决服从的意识。

坚决服从不是被动的、抵制的服从，而是主动的、善意的服从。公司必须利用各种场合向员工灌输服从思想，允许大家在决策前提建议，但一旦做出了决策，就应该不折不扣地执行。对于不服从决策者，要给予严厉的惩罚，否则，你也消极执行，他也消极执行，又何谈执行力？

(3)建立科学的培训体系

①培训分级。

将培训分级，如提供准主管级、主管级、经理级、总经理级等各个级别的培训，让每一个员工都有培训的机会。每个主管以上的领导都要参与对内培训，即让每个领导为自己的岗位培养1~2个候选人，并讲明原因：如果你不培养候选人，那么公司即使想把你往更高的位置调也不能调你，在你的位置没有合适的人员替代你。让培训完了的员工把培训内容讲解给其他没有参加培训的同级别的员工听，这样就可避免他们在培训时偷懒，培训后不复习。

②对培训者进行考核。

要想使培训产生预期效果，就必须对培训者进行考核。让其将培训的内容与公司的实际情况结合，并拿出一些可行的方案，拿不出则记培训失职，免去其下次的培训机会。凡培养不出候选人的记为失职，扣除部分年终奖金，培养出比自己更优秀的人则记大功，给予特殊奖励。这样可以在一定程度上避免执行者能力倒退或嫉妒下属的事情发生，能提高整体的执行素质。

(4)建立合理的激励机制

只要能把大家的积极性都调动起来，就没有什么决策会执行不下去。

①听觉激励。

中国人喜欢把爱埋在心里,这其实就是爱的缺陷。如果你想赞美下属,就一定要说出来,这是提高执行力最有效的方法之一。

②视觉激励。

把优秀员工的照片和事迹刊登在公司内部杂志上或贴在光荣榜上,让大家都看到,以此激励这些获奖者及其他员工。

③奖励成功也奖励失败。

对成功者进行奖励是理所当然的,大家可以理解,但对失败者进行奖励,有些人可能就想不通了。其实只要是尽力了,精神可贵,就应找出一些失败的典型来进行奖励, 以此肯定他们的努力和其所创造的精神价值。精神价值其实就是无形资产呀,有什么理由不对创造了无形资产的人进行奖励呢?

④引入竞争。

讲团队精神不是不讲究竞争,但竞争又不同于斗争,这样既达到了激励双方的目的,又不会伤了和气。

⑤予以批评。

批评是一门艺术。端正批评态度,批评不是不满的发泄,而是为了帮助对方。用爱惜的心态批评下属, 指出其错误并帮助他改正,这也是一种激励,并且是一种更令人刻骨铭心的激励。

⑥合理授权。

合理授权也是激励方式之一,能帮助下属自我实现。但在授权时应明确授权权限,授权后要进行跟踪,以防越权。

(5)建立科学的控制系统

①采用公平、公正、合理的控制系统。

建立科学的控制系统，对关键的流程进行简洁、实效、操作性强的控制，而不是对所有的程序进行控制。采用公平、公正、合理的控制系统，让大家在心里能够善意地接受，而不是潜意识的抵制。

②不定期的考核与检查。

不定期的考核与检查能避免执行人员为应付定期考核和检查而采取的投机行为，能确保执行的稳定性，防止执行的虎头蛇尾。

③引入淘汰机制。

每年选举一次，凡下属和上司都不满意的领导自动贬为员工，有一方不满意者降职1~2级。如果你执行不力，做不出成绩，不能让下属和上司满意，你很可能就会被淘汰，这样就可以很好地控制执行者了。

(6)调整心态

领导在上班前15分钟把员工召集起来喊喊“爱公司、爱同事”的口号，并互相握握手，拥抱一下，活跃气氛，增进同事情谊。不要认为这是个形式，没有形又何来神呢？

只要心情好了，什么矛盾都好解决。员工生日时，组织大家去祝贺一下；员工生病了，组织大家去看望一下，让其感受到团体的温馨与友爱，这能有效地防止员工在背后刻意攻击同事或公司等扭曲心态的产生。

开展一些能体现团队精神的活动，让大家体验为共同目标而努力的快乐。专门在晚上开展一些心态调整课，让员工明白差距是如何产生的，应如何去弥补。

2.明晰的业务流程是根本

在运作过程中，大量企业依靠一级一级领导的推动来完成工作。一项工作如果没有领导过问，就没有人处理，也没有人承担责任;一项工作只能在两个部门领导之间“同级别”进行,这样就产生了众多“企业病”。例如:内部运作效率低下;影响领导者对重要工作的关注和思考;营销人员能力缺乏锻炼,滋生依赖思想;各部门间缺乏顺畅沟通,营销计划难以执行到位。

要改变这种现象,单位就必须从“靠领导推动”转向“靠流程推动”。靠流程推动的关键在于:

(1)提炼关键业务流程

通过对关键业务的流程进行设计,来保障整体业务的顺畅运作。靠流程推动的重点在于靠关键业务流程推动,“20:80”法则永远是处理复杂问题的根本原则。

企业要驾驭庞大的营销业务网,必须建立几个核心支柱——营销关键业务,而这些营销关键业务的提炼,则来自系统的整体营销计划。关键业务必须充分体现整体策略思想的要求,方能成为营销业务活动正确执行的依据。

(2)确定流程核心内容

业务流程包括很多流程点,许多流程点组成了业务流程。要使业务流程顺畅,就要明确流程点所包含的内容。确定流程点和其内容,本质上是在确定业务流程运作的规范。

其实可以把每一个流程点看作一项具体的业务工作,营销部门在处理这些工作时,都应该按照统一的规范执行以保证运作效率,而不是按照每个人自己的理解、看法或做法。

(3)明确流程运作部门

一项业务流程一般都由多个部门共同完成,涉及多个部门的共同运作。在这个过程中,必须明确各个部门的角色是什么,谁是主导部门、谁是参与部门，谁应该承担什么责任、应该具有什么权限，从而明晰责、权、利。

这些内容都必须在描述关键业务流程时体现出来，这等于给各部门在业务流程中的职能进行定位。只有定位明确，各部门才能各司其职、各负其责，业务流程才能顺畅运行。

(4)规定流程运作时间

业务流程的运作时间主要体现在两个方面：一是每个流程点的内容应该在什么时候完成；二是这些处理内容的时间应该有多长。这样，每项业务流程就具备了结果性，而不是一直处于运作过程中。

(5)确定流程评估标准

只有使业务流程本身具有检核或者信息双向流动的职能，才能对业务流程的结果予以评估和传递，从而保障这项业务流程运作的效率和质量，让流程很好地推动工作。

3.责任是提高执行力的关键

责任是执行力的核心理念之一。执行力是执行命令的力度和能力，没有不承担责任的工作，更没有不承担工作责任的工作者。提高执行力的关键，在于明确肩上的责任。

(1)树立责任感是提高执行力的根本

责任感对自己、对国家、对社会的重要性是不言而喻的，责任感是简单而无价的。一个没有责任感的人绝不可能把工作做好。人与人不同，责任感也各不相同。责任感不是生来就有的。它是由许多小事构成的。责任感的最基本要求是做事成熟，无论多小的事，都要求自己比别人做得好。

只有树立了强烈的责任感，多问自己“我做得如何”，才能从思想认识上检查自我。对每一项工作都不掉以轻心,工作就不会出现无人管、无人问的现象,就不会有种种失误产生。没有责任感的领导不是好领导。

要提高执行力,就要树立高度的责任意识。有了责任意识,才能提高责任感,才能做到事事关心,对身边发生的事高度重视,从而确保各项工作都能圆满完成。

每个中层领导都应以高度的责任感从事自己的事业,从小事做起,从细节入手,提高执行力。

(2)明确责任是提高执行力的基础

俗话说"责任重于泰山"。一个人负责与不负责,决定了工作完成的好与坏。明确责任,将责任置于一切之上,才能提高执行力、顺利完成任务。

从长远来看,提高执行力仅有目标和任务的统一、务实和高效的结合还远远不够,还必须明确责任,牢固树立事业心、进取心、责任心。

好领导不是速成出来的,而是从基层的工作一点点干起。只有锻造责任心,明确己任,把正确的策略彻底地执行下去,才能使自己走向成功;只有明确己任,明白工作任重道远,才能将责任根植于心;只有时刻铭记责任,使责任成为一种强烈的意识,形成自我监督,才能提高工作效率。

(3)承担责任是提高执行力的前提

推卸眼前的责任,认为等到以后准备好了,条件成熟了再去承担责任;或者寻找借口,将应该承担的责任转嫁给社会或他人,是愚蠢的做法。这样不但领导认识不到错误,缺乏创新精神,而且使工作停滞不前,可能出现执行上的黑洞。"人非圣贤,孰能无过",应勇于承担责任，并从中吸取教训。只要领导改正缺点、改正错误，领导的工作就一定会更好地开展起来。领导要勇于承担责任，要立下决心，一定要承担责任，相信通过努力是一定能完成任务的，相信自己一定会比别人完成得更好。如果做到了这一点，领导就不会安于现状，得过且过，这样，执行力才能得到具体的落实。

(4)落实责任是提高执行力的关键

发展是硬道理，落实是硬功夫。长期以来，中国式管理习惯于用制度建设来保证落实，用领导监督检查来确保落实。大多数人都已习惯了别人监督，习惯了在上级和领导的督促中抓落实，没有把落实当作自己应尽的职责，没有把落实当作自己奋斗的目标和存在的价值。

解决上述现象别无他法，只有从强化责任、严明责任做起。将责任分解到岗，具体到人，使每一件事都有专管之人、每个人都有应负之责，形成多层次抓落实的目标责任体系和岗位责任制。坚持实事求是，一切从实际出发，围绕大局，督查与奖励相结合，就能真正起到不折不扣地落实与执行务实的作用。

负责任、尽义务是一个人成熟的标志，只有对工作高度负责，才能更加出色地完成工作。人是决定执行力好坏的主要因素，要提高执行力，必须解决好用人问题。要明白这样的道理：知人善用，用的是有强烈责任感的人才；举贤用人，用的是执行力强的人。将富有责任感、执行力强的员工放到合适的位置上，发挥其所长，将政令落到实处，才能保证各项事业的顺利开展。

4.合理的绩效考核是动力

领导往往将希望寄托于通过培训来提高营销人员的执行力，但在一个缺乏公平体现贡献价值的环境中，员工对于公司要求他们不断上进的做法是无法有效接受的。这是由于领导忽略了执行的真正动力来源——绩效考核所造成的。这套体系若没有建立起来,执行力就不会自动产生。针对在绩效考核中的问题,可以采用以下绩效考核原则:

(1)体系围绕单位整体计划建立

绩效考核不能脱离关键业务,脱离关键业务的考核是没有生命力的。绩效考核要有助于整体策略目标的达成,而不能一味强调所谓的全面性。

有些单位制定考核体系时从大到小、从定量到定性、从业绩到态度等各方面制定了一套考核指标,表面上看起来各方面都考虑到了,事实上这种体系在实践中根本无法执行下去。

绩效考核围绕策略规划的重点就是要设计一套关键绩效指标,这种方法既有明确的目标导向,可以确保做正确的事,又抓住了关键业务,可以最大限度调动人力资源。

(2)体系在机会上创造平等

什么样的绩效考核才是优秀的绩效考核呢?主要看它能否给员工营造一种机会公平的环境,使员工能在同样的平台上展开公平竞争,并且获得公平的回报。这种机会上的平等必须充分考虑各类人员工作性质的差异,确保大家都能从单位的成长中获得价值。

(3)体系体现个人与团队的平衡

虽然说执行力的提升主要是由人完成的,但光有人是不行的,必须让人和单位和谐统一,才能有效提升执行力。因此,执行力的强化就必须在个人和单位之间形成一种平衡关系,既不至于因强调个人英雄主义而削弱了单位的力量,又不至于为了团队而淹没了个人的特性。

在执行绩效考核时，不能全部都是一刀切，应有所区别。如果一个部门赢得了公司的奖励，这个部门的所有人员都应该分享到这种奖励；而对于其中贡献突出的个人，部门给予其相应的激励以区别于一般贡献的人员，这样才能激励一大批人员愿意冒尖、敢于冒尖，并树立起团队中的个人样板。这一点力求在组织中形成一种竞合关系——竞争与合作并存，从而推动整个营销组织的执行力。

5.奖惩分明是最好的武器

很多单位在发展中可能会碰到这样令人头痛的问题，那就是执行力每况愈下。领导人的很多想法、很多决策，甚至是很多决议、很多指令，在执行过程中都变得面目全非，员工的积极性、主动性和凝聚力越来越差，以至于经营业绩下降，甚至使单位陷入困境。

那么，如何来解决这个问题呢？在这样的单位，奖惩分明是提高执行力的最好武器。

好的管理理论、管理方案和管理案例固然对管理有很大的帮助，但是如果做不到奖惩分明，是很难取得实质性效果的。

很多企事业单位在创业之初，群情激昂，士气高涨，取得了不俗的业绩。然而随着规模的扩大，随着人员的增多，事情就变成了另外一种局面。究其原因，企业规模小的时候，经营者对每一个员工的工作了如指掌，奖惩起来自然简单、准确。但是，当企业达到了一定规模，人员达到了一定数量，奖惩起来就难了。因为，一来人多了，二来工作复杂了，三来关系复杂了，到底谁做得好，谁做得不好，经营者就很难一目了然了。

公司规模大了，如果经营者还是用以前的老方法，凭着自己看到的、感觉到的来进行奖惩(包括定工资、发奖金、升降职等)，那就很难奖惩分明了；如果经营者能够脱胎换骨，采用更科学的新方法来进行奖惩,把权力下放给相关部门,那么奖惩分明也就不难了。

所谓的新方法,只不过是"奖惩分明"的新解释而已。从字面上看,我们可以看到奖惩分明的前提是:

(1)谁应该奖,谁应该罚

首先要定出工作的目标,要明确业绩的标准,否则就很难评价谁应该奖、谁应该罚。要定出工作的目标,要明确业绩的标准做起来却不简单,它必须明确发展的目标,并能够将这些目标分解到每个人,它还必须明确每个岗位的工作标准。做到了这一步,就基本上建立了管理基础,基本上能够较好地评价每个员工,清楚谁应该奖,谁应该罚。

(2)该怎么奖,该怎么罚

领导要做好以下两点:一是奖罚的方式,二是奖罚的尺度。一般说来,奖罚的方式包括物质与精神两个方面,物质方面主要有工资、奖金、福利、职位调整等;精神方面主要有表扬与体现成就感、社会地位等。而奖罚的尺度则应该在不同的时期,制定不同的方案来执行,也就是通常的薪资福利制度、晋升制度、奖惩制度等。

六、执行力与领导力

1.执行力的本质是领导力

(1)注意与上级沟通

领导首先要能够很好地领悟上级的指导精神，因为对上级的决策或任务的理解若有一点偏差,就会失之毫厘,谬以千里。领导要与上级进行充分沟通,确定完全理解上级的意思之后再去执行,这也能避免在执行中出现不明白的问题时屡次请教。

领导在与上级沟通时要仔细分析其合理性，如果是上级经过科学调研分析后做出的慎重选择,要听取其调研方法及过程。如果只是上级的一个灵感，要仔细考虑清楚方案的合理性及可行性再去执行。总而言之,不能一味地听从上级布置的工作,要有自己的思想。如果发现有不可行的地方,要及时指出,否则一旦方案执行之后才发现不可行,就会造成执行不力的后果。

(2)制订周详的计划

在执行任何任务之前,都要制订计划,把各项任务按照轻、重、缓、急列出计划表,一一分配下属来承担,自己看头看尾即可。把眼光放在部门未来的发展上,放在不断理清明天、后天、下周、下月,甚至明年的计划上。

在计划的实施及检讨时,要预先掌握关键性问题,不能因琐碎的工作而影响了应该做的重要工作。要清楚做好20%的重要工作,等于创造80%的业绩。

(3)及时与下属沟通

①指挥。

指挥工作包括考量工作分配，检测下属与工作的对应关系。同时，还要考虑指挥的方式，不同的人需要不同的指挥方式，这就需要领导者了解自己的下属，包括他们的性格气质、工作方式甚至生活背景。

有些人个性敏感，如果态度生硬，会使他们产生挫折感；有些人爽快随意，有什么事情直接说就好了，不必太在意语气，太在意这些反而让他们感觉麻烦。好的指挥可以激发下属的意愿，而且能够提升其责任感与使命感。指挥的最高艺术是下属能够自我指挥。

②监控。

监控指的是追踪考核，确保目标达到、计划落实。监控要注意以下两点：

一是注意掌握节奏，即时间间隔。如果节奏太快，一件事情一天问几次，会给下属领导不信任自己的感觉；而间隔时间太长，有些事情不及时加以监控，就会给单位造成直接与间接的损失。

二是注意方式。太过生硬的监控会给人很不舒服的感觉，这就要把握好监控时的沟通方式了，这一点与指挥一样，因人而异，需要在工作中认真研究。

③协调。

协调包括上下级、部门与部门之间的共识协调，也包括工作与生活之间的利益协调，任何一方协调不好都会影响执行计划的完成。领导需要把大部分时间花在协调上，因为任何工作，如能按照上述所说的要求，制订完善的计划，再下达适当的命令、采取必要的控制,工作理应顺利完成。但每一个工作、每一个部门、每一个人都不是孤立存在的,需要主管连接上下,沟通左右。

④授权。

在一个项目中,项目经理就是最高领导,即使董事长是项目组成员,也要听从项目组长的调配。作为领导者,需要时间指挥、监控、协调,当然不能像业务员那样事事亲力亲为,要懂得授权。

领导者的一个职责就是培养员工共同成长,给自己机会,更要为员工的成长创造机会。员工是自己的一面镜子,也是延伸自己智力和能力的载体,要赋予下属责、权、利,员工才会有做事的责任感和成就感,成就员工就是成就自己。

(4)要适时调整资源

一项任务的内外部环境是不断变化的,所以在执行任务时必须随机应变,要适时地调整资源。如果发现执行人很可能完成不了任务,要赶紧换人或派人协助;如果钱、时间等资源不够,都要及时调配。

作为领导者应知道是哪些资源不够,要及时了解,及时解决。领导要做的是知道什么时候调整,为什么调整资源。执行力是一组力,一项任务需要一组力来配合,所以任务执行过程中需要有及时反馈的机制、预报的机制、监督的机制、考核的机制。

(5)营造执行文化氛围

生产力长久持续增长需要良好的执行文化去推动。执行文化是战略规划、管理措施得以有效实施的运营环境、人文环境以及社会合作环境。执行文化是提升执行力的基础,只有将执行力融入企业文化中,使其成为企业文化的一个组成部分时,才能使企业中的每一个人都理解并提升执行力。

对于任务的执行来说，领导起着至关重要的作用，主要体现在两方面：一是中层领导是高层的下属，要执行高层的决策，他们起着桥梁作用，是事件执行中的润滑剂；二是中层领导是基层员工的上司，他们是领导者，起着协调、指导的作用。而企业也是不断发展的，不同阶段、不同规模的企业所建立的管理体系也存在规模和复杂程度的不同，管理体系本身也是动态的、不断发展的，需要中层领导不断地调整思路并改进工作方法，营造良好的执行力文化，使自己的执行力和下属的执行力不断提高。

2.中层是执行老板意图的保障

执行力能否得到提高，关键在于能否进行完善的过程监督和结果考核，并帮助员工进行合理分析，使其认识到自身的不足。职责明确了，权限明确了，剩下的就是良好的监督执行机制，也就是考核。

提高领导执行力除了领导本身要以身作则外，还需公平、公正地对待每一位员工。中层领导在执行时更需要有不怕得罪人的态度，如果一味地做好好先生的话，试想公司的制度怎么能有效执行呢？而如果以理字当头，对事不对人的话，就算在执行时得罪了员工，事后也会取得员工的谅解。

中层领导要想使自己的工作高效、有序，就必须做好两件事：一是用人，内圈用德、外圈用才，用人所长、容人所短；二是激励，解人之难、记人之功，通过正面激励，引导下属往前跑，通过负面激励，推着下属往前走。

对于任何单位来说，中层领导的作用都是不容忽视的。中层领导是发展的基石，是上下两层的调节剂和润滑油。一般情况下，中层领导没有自己的主张，只是按部就班地做事。企业下层人员的许多意见和建议都被高层领导当作耳边风。这其中的关键是中层领导的调节能力,他们干得好了,上层领导听进去了,企业诸多问题的解决就快了。

中层领导必须扮演好自己的角色，不仅要做好自己应做的工作，还要让下属认识到自身的重要性。告诉下属工作的目的是什么,让下属知道你对他的期望,及时告诉下属他做得如何,以确保监督和检查的顺利进行。

中层是企业的中层执行者。如果把企业比作人，老板就是脑袋,负责思考企业的方向和战略;中层是脊梁,去协助大脑传达和执行命令到四肢,即基层。中层就是老板的替身,也就是支持大脑的脊梁。

中层领导只有让周围同仁和领导从自己身上感受到了坚定的力量,才能赢得他们的信任。反之,如果中层被畏难情绪所左右,连正常的能力都发挥不出来,那么执行过程的腰就软了。

中层领导必须能够激励、赞美别人,必须是充电器,而不是耗电器。一个优秀的中层领导必须具备以下执行能力:

一是领悟能力。要先弄清上司希望你做什么,然后以此为目标来把握做事的方向和方法。

二是指挥能力。工作的分配、协调、临场发挥,指挥的方法与语气,激发斗志和引导前进的能力等。

三是协调能力。

四是判断能力。

五是创新能力。

3.执行力离不开指导力支撑

相对来说,中层领导掌握的内外部资讯要比普通员工多,这些资讯来自更宏观的市场、企业高层、公司内其他支持部门。由于职位的影响力,中层领导发现和解决实际执行中存在的隐性障碍,也要比普通员工多。由于事实上的上下级关系,中层领导和员工之间在公司内部已经形成事实上的“传、帮、带”关系,而这种关系,是其他部门的人,包括间接上司都不愿意或者很难介入的,所以作为中层领导,指导力又成了一种指导职责。

富有指导力的领导,是那种不仅会指点江山,还能够画行军地图的人。只会待在指挥部里听取最后战报的中层领导,执行后的结果不会如他所愿,最后他听到的常常都是坏消息。

指导力就是领导的执行力,管理学著作中把领导的职能概括为八个字:计划、组织、领导、控制。当领导要真正实现自己的计划、组织、领导和控制职能时,指导已经成为最有效的方法之一,而不仅是训导、命令、简单的授权,更不仅是无目的地俯视。从这点上说,管理者指导意识的有无、指导能力的高低,将决定着最终的管理绩效。说白了,指导力已经成为领导自己的执行力。团队的执行力很大程度上源于领导自己的执行力。

一个优秀的中层领导肯定是一个具有指导力的领导。贯穿于执行全过程的高超指导力,是中层领导的团队获得持续业绩的保证,它比来自个体的执行力更有效。也只有这样的组合,才能汇聚不同方向的力量,最终形成一个拥有团队执行力的企业。有着远大职业梦想的中层领导们,在关注员工执行力的同时,也要发挥出自己的指导力。

七、团队执行力来自领导力

领导力是团队执行力的保障,没有领导力就谈不上执行力。一个优秀的中层领导,一定不能以超然的领导者自居,相反,他应该是一个高度关注执行过程、切实领导执行方法的领导者。一味地抱怨下属执行力太差,只能说明你对执行的指导力太差。从因果关系上来说,领导力决定执行力。执行力已经抽象为企业文化的一部分,在实际管理中,执行力的高低从来不只是源自员工信念的强弱。面对不同信念的人,中层领导应该施加不同方向、不同程度的领导,领导员工去寻找执行的规律、深化执行的方法、接近执行的目标。

1.领导就是要领导执行

领导就是要领导执行,领导力就在执行之中。许多企业的老板都会认为居高位者不必操心实际经营的细节事务，这是非常错误的观点。领导人要做好执行的工作,必须管理好人员、战略、运营三个方面,同时要全心全力投入其中。这是执行的要点所在。

2.以身作则,亲力亲为

领导要以身作则,亲力亲为,成为带动全局的发动机。要认真研究现状、项目的执行、员工的状态,执行各具体情况和预期之间的差距,并进行正确深入的引导。

亲自领导执行的工作并非事必躬亲，或是专断独裁、不肯授权,而是一种主动的投入,做些领导人原本就该做的事。善于执行的领导人将自身融入执行的实质面,甚至关键的细节中。领导会运用本身对企业的了解,不断探索与质疑,找出企业的弱点,然后再集员工之力共同改善。

3.有一个好的管理团队

在有效的执行过程中,团队成员的素质非常重要。领导要对团队成员加以辨别和改造,并明确相应的职责。

(1)资历不等于能力

在企业里长期无所作为,在“好的班子”“好的带头人”的大树下乘凉的管理者,不要因为其资历深、时间长、坐得稳而容忍其长期在企业混日子, 否则这样的领导多了, 因人浮于事而使员工反感,再好的“带头人”也带不动员工和企业,更谈不上企业的执行力。

(2)人缘不等于民心

人缘不可以与群众基础画等号, 更不可能与群众衡量领导的标准画等号。在管理问题上要提倡“不当和事佬”的理念,要用领导的一身正气来强化执行力,这就要求管理者必须以身作则。正人先正己,自己不能起到表率作用,任何执行层都不会产生执行力。

(3)老成不等于精明

企业最怕的是殷勤、周到的人多,为领导分担压力、多做有效工作、承担责任的人少。那种不了解市场营销与技术创新,不熟悉企业成本管理、财务管理和质量管理的落伍领导,那种观念陈旧、四平八稳干工作和满足于跑跑颠颠、迎来送往、抓不住大事的无为领导,必须尽早退出领导的舞台,否则再好的执行力都会在这些人手中失效。

(4)表白不等于清白

中层领导在管理过程中应坚持“勤政是本,廉洁是根”的原则。

下属对领导是否具有公道正派、廉洁勤政、求真务实的人格力量看得非常的重，把公道正派、廉洁勤政、求真务实、工作业绩突出的领导视为好的领导。好的领导加上良好的心态，对执行层会产生良好的执行力。

4.明确领导层的责权利

领导层的责、权、利是否明晰对执行力的影响较大，不同层次的领导拥有的权力、利益应与其承担的责任挂钩。有的领导提倡约束大于激励的管理理念，在管理过程中，担心给予个人的权力过大而难以控制管理局面，有意识地形成一种监督机制，这是人之常情。

但在现实生活中，有的领导人为达到控制的目的，派专人进行一对一的监督。做任何事对被使用者都不放心，要求监督者及时汇报被使用者的一切行为，表面上实施了放权，实质上就是不信任，根本就谈不上放权，这是形式上的授权，只不过是走走过场罢了。

事实上，这种尴尬的局面，是由于监督者汇报的情况和被使用者汇报的情况有一定的出入造成的。久而久之矛盾就产生了，被使用者无法坚持工作，逆反心理增强，此时的执行力为零。

责、权、利不清会使中层领导出现大量的越位行为。部分中层领导为迎合上级的监督理念，不把心思放在工作上，而是不惜时间和精力去求得对个别人的忠诚。长此以往，"歪嘴" 的人员就会增多，由于有监督者，上级会产生怀疑。监督者这种汇报、越级反映的不恰当做法使得中层领导无法安心工作，执行力减弱，误解就会增多，工作无法正常开展。

领导者有必要界定一下所有领导应尽的责任，也很有必要提倡各级领导一定做好本职工作，对有能力的人要及时发现，及时提拔，多与群体融合，明确分工合作，共担风险的责任，形成坚忍不拔的团队。

5.要有好的管理机制

随着现代企业的发展，用那些传统的方式来管理企业已经彻底行不通了,要在管理模式和管理机制上下功夫才行。因为员工需要一个规范的、有章可循的管理制度,增加内部管理的公平性。

管理上切忌只喊口号不做事。再好的制度,没有人去执行或执行力不到位也是没有用的。制定制度与制度的执行力是两码事,制度制定后并不等于达到了管理的目的。只有通过制度管理实现有序管理,使管理有法可依,并在管理过程中不断完善相关的制度,员工才会以制度为准绳,保质、保量地完成工作指标,从而强化各级管理人员的执行力。

要想使制度得到很好的执行，在管理机制上领导者有必要改变一下自己的思维模式。

其一,在管理理念上,要把优秀的中层领导从单纯的人力资源中解脱出来,赋予其与企业利益均沾的权利和义务,让中层领导融入企业,使其与企业有协调一致的价值观念。忠诚的、优秀的中层领导,完全是企业塑造出来的,企业没有更多优秀的中层领导,是由于企业领导人在潜意识里还没能足够地重视这一问题。

其二,企业领导人要把企业社会化,也就是说企业不仅仅是领导的企业,更是员工的企业,社会的企业。企业要发展壮大的话,企业领导人就要自始至终具有这种意识。企业领导人就要实现每个人受重视的渴望,大胆使用中层领导,解决好放心与放权的关系,适时给予中层领导施展才华的舞台和机会，使他经常连续地产生自豪感与成就感,充分体现中层领导的自我价值,充分地实现执行力的最大发挥。

八、怎样提高领导力

1.执行力要从领导开始

作为一名管理人员，如果对自己的领导才能没办法很好地掌控，失却了领导执行力的话，对工作效率的提升会产生很大的阻碍,所以职场人士一定要管理好自己,提升自己的综合素质,尤其是领导执行力。

一要注重提升个人修养。领导肩负的责任是很重大的,他们涉猎的事情比较多,要打交道的人也不少,在应对各种突发事件和人情往来上,如果不通透一些,不懂得灵活多变的话,是很难将工作真正开展好的。所以要提升领导的执行力,首要的是提升他们的个人修养、综合素质。

二要培养领导的战略眼光。作为一名管理人员,一个领导者,看问题、解决事情都要有自己的视角和广度,懂得从大局来剖析问题、处理问题。所以领导要努力培养好自己的战略眼光,学会从更高的层面来看待问题,掌控全局,这样办起事情来才更容易达到预期的目标。

三要努力提高个人工作效率。如果领导做事总是拖拖拉拉,或者敷衍了事，是很难真正将事情办好的。所以领导作为一个上位者,除了对自己的下属严格外,还要对自我严格一些,努力让自己立足本职工作,尽快将手头上的事情按照轻重缓急来合理安排,早点解决。

四要关注工作执行的细节。很多时候,细节虽然只是工作过程中很小的一部分,但是如果细节抓得不够好的话,很有可能会影响到事情的成败。所以,即便是管理者、领导者也要注意去关注事情进展的一些细节,坚决不让一些意外从细节中体现出来。

2.如何提高执行力

执行力是一个企事业单位长期战略一步步落到实处的能力,是一个单位成功的必要条件。单位的成功离不开好的执行力,当企业的战略方向已经基本确定,这时候执行力就变得最为关键。战略与执行就好比是理论与实践的关系,理论给予实践方向性指导,而实践可以用来检验和修正理论, 一个基业长青的企业一定是战略与执行相当的企业。那么如何提高执行力呢?

(1)要设立明晰的目标和实现目标的进度表

目标一定要可衡量,可检查,不可模棱两可。最重要的是,目标一旦确定,一定要层层分解落实。

(2)找到合适的人,并发挥其潜能

企业战略制定是人的问题。最终是人在执行企业的战略,并反馈企业的文化。要选择那些训练有素的人来承担任务,要将合适的人请上车,不合适的人请下车。

(3)修改和完善规章制度,搭建好组织结构

企业成立之后,只能通过规则来约束,并通过制度制定、执行、检查、绩效四者互为联动,不断推进规章制度的完善,促进更好的执行效果。

(4)真诚沟通,发挥合力

一个企业中存在的问题70%是由于沟通不力造成的,而70%的问题也可以通过加强沟通来解决。每个企业中的员工都应该从自己做起,虚心接纳或善意提醒别人的不足,相互尊重。

(5)关注细节,跟进,再跟进

制定战略时,要发挥最长指头的优势。在具体的执行过程中,要切实解决好木桶原理的问题,尽快消解那些最有可能影响工作的因素和人员带来的不利影响。执行力在很大程度上就是认真,再认真;跟进,再跟进。

3.选拔人才不容忽视

那些长盛不衰的企业,最高管理者和最高执行者,都非常重视人员的选拔。优秀的领导人每年都会把大量的精力花在选人上,这是领导者最重要的执行内容。

4.对项目的追踪和跟进

所有善于执行的领导都会带着宗教般的热情来跟进自己的既定计划,对项目的追踪、跟进是企业领导人执行能力的核心所在。通过跟进工作能够暴露出计划和实际之间的差距,并迫使人们采取相应的行动来协调整个工作的进展。

领导人一定要制订出一份清晰的跟进计划:目标是什么?谁负责这项任务?什么时候完成?通过什么方式完成?需要动用哪些资源?下一次项目进度讨论在何时进行?通过哪种方式进行?将有哪些人参加?

如果没有精力对某个项目进行彻底跟进直到其最终渗透到整个企业当中,就千万不要批准这个项目。

5.培养执行力的手段

优秀高层领导不仅自己具有强大的执行力，而且能训练出一批一流的中层执行人才。如果高层领导想让中层成长,就应该去增强他们的自信心,赋予他们更多的责任。如果能将他们最好的想法加以利用,企业就有了赢得竞争的机会。

领导人应该像一个火车头，把自己与中层领导的每一次会面都看成一次指导的机会，把每一件托付给中层领导的事都当作锻炼中层领导的机会,把中层领导的每一次进步都当作自己的进步。

请记住,中层领导就是你的替身,他的能力越强就表示你的能力越强,就表示你的执行力越强。

九、领导与领导执行

1.管理者≠领导者

在现实中，有些人常将管理者等同于领导者，这是不对的。领导者与管理者的不同在于：管理者是表现符合预期、中规中矩的人才，但是够资格称作领导者的，却是有能力创造前所未有的突破性绩效的人才。

譬如，推出全新产品、进入崭新的市场，或是以较低成本迅速达到更佳营运绩效。企业中的领导人才不限于最上层的寥寥数人，有能力创造突破性绩效的人才遍布所有层级，通常人数达到全公司的5%左右。

企业高阶主管很少建立机制，培养适当领导人才，以掌握稍纵即逝的机会，尤其是准备扩张海外据点、进入新市场时，最容易感受到领导人力短缺。推动新策略前，企业高阶主管有必要系统化评估公司的领导力状况，尽早补上不足的领导人才，否则现有领导人势必被额外责任所压垮，从而影响正常业务运作，使人才离去。同时，来不及准备适当接班人才，终会危及公司核心业务与策略性成长。

2.领导力是策略起点

为了避免领导力缺口带来的严重后果，企业在制定策略时，就必须把可调度的领导人力考虑进去。领导力是一项政策的起点，企业的因应之道包括：

(1)制定策略时便想好执行人选

人才是事情成功的保证,如果没有恰当的领导人才,哪怕再好的项目,也应忍痛放弃。

(2)评估策略时必须考虑公司是否拥有足够领导力

若是领导不足,先设法补足人力,完成后再推动策略。考虑不同方案所需求的领导特质、时效性与配合条件,再针对已决定的策略目标,规划完成目标的途径。

3.普通人做不普通的事

真正的优秀体现在哪里, 就是能够使普通的人去做不平常的事,让一帮低学历的人干出高效率的事情,那才是一个成功企业的标志。这种基于核心价值观之上的用人观,应该说是高绩效执行力的重要源泉之一。

4.领导力的相关技巧

中层领导要有足够的能力和智慧在自己与追随者之间达成均衡,因此领导者必须具备领导力。领导力就是领导者与追随者之间具有影响性的相互关系。

领导力的相关技巧是人们通过一系列实践经验去模仿和发展起来的,而第一步也是最重要的一步就是允许尝试和犯错误。

领导者具有长远的目光,为组织设立目标,明确方向和确定战略意图,引发变革并且能够掌控变革。

领导力是竞争优势的来源。对于一个企业,发展每个员工内在的领导力是最重要的活动之一。领导力最大的变化在于提出人人都可以成为领导者。有了领导力就具有主动做事的动机,并且能够发挥智商和情商调动各类资源实现目标。由于环境在变化,在行动的过程中存在许多事先无法预知的变数,这就要求执行者随机应变，根据情景的不同而灵活应对各种变化，这是执行层面的领导力。

领导力是调动资源，创造或抓住机遇的能力。这个定义要求领导者具备速度、冒险精神和不断创新的能力。

变革就是创造价值并且确立重新分配价值的规则，痛苦是促成变革的唯一因素。希望是变革之母，希望的大小决定了变革的程度，希望越大则变革越彻底，希望小则变革不彻底。中层领导通过塑造愿景，指出希望创造激情而赢得人们的追随。

5.领导执行误区

(1)执行期望过高

有些企业对执行的期望过高，企业领导不能以为绩效不断下降的趋势和现象必然会随着执行的到来迎刃而解。

(2)片面理解执行

某些公司的领导们常常片面理解了执行，并没有告诉员工执行的意义和价值，更没有告诉员工如何执行，而仅仅强调结果。

(3)保持原来的管理方式

某些公司的中层仍然保持原来的管理方式，习惯性思维主宰了他们的工作行为。

(4)对执行成效缺乏了解

有些企业领导对中层领导的执行成效缺乏了解，没有及时建立完整的考核体系和明确的考核标准，整体管理跟不上，因而导致针对执行成效的激励失效。

(5)没完善人才成长机制

有些企业领导没有及时完善内部用人机制和人才成长机制，企业内部仍然存在用人唯亲、用人唯资历和用人凭感觉与交情等问题,这也给中层领导的执行力带来了负面的影响。

(6)没有把执行当成一场真正的革命

一些企业中层领导没有把执行当成一场真正的革命。执行的真谛是人的思想和行为根本上的变革,要提高整个企业的执行力,就必须从整个企业文化、组织架构和人员调配等各个方面来一次根本性的变革。

十、如何提升领导执行力

1.用能执行的员工

领导要充分利用和发挥每个员工的兴趣、爱好、特长和个性，将其安排到合适的岗位上，并根据每个员工的岗位职责，下达合理的工作任务，提供适当的生产资料和支持，这样才能直接激发出员工的工作热情。

举个例子来说，一名市场营销人员的营销技巧、业务知识并不能代表他的能力，客户服务意识、成功欲望等才是其应具有的能力水平。但员工能力水平能否充分发挥，在于其投入程度，而投入程度又受到企业对员工的要求和企业向员工提供的资源两个因素的影响。

2.让员工参与其中

员工与企业之间存在着互惠义务和互惠承诺，而企业的变革无论是主动的还是被动的，无论是正确的还是错误的，都改变了协议的内容。改变计划对企业来说，意味着机遇，但对员工来说，似乎意味着破坏。如果企业在制定新的措施时，不让员工参与，员工就无法了解变革的意图，变革的措施就很难被员工接受。

员工往往最了解问题的症结、改进的方式以及客户的想法，他们对自己参与制订的战略计划印象深刻，执行起来自觉性、责任感大大增强，从而提高工作效率。当工作中出现意外情况时，他们就会根据全局情况,做一些机动处理。

3.建立激励和约束机制

激励是人人都需要的。对于领导者来说,如果用得恰当,它产生的能量是巨大的,激励可以运用物质和精神相结合的手段,采取多渠道、多层次的方法,最大限度地激发下属的主动性和创造性,以保证组织目标的贯彻执行。

人有生理需要、安全需要、社交需要、尊重需要和自我实现需要五种需要。人的需要结构有层次性、递升性、主动性、差异性和例外性。企业应根据员工在不同阶段、不同部门、不同岗位,实施不同的激励政策,采用不同的激励手段、方法和技巧。

执行力是以切合实际的激励约束机制为依托和载体,没有一个好的激励约束机制,就肯定没有执行力。中层领导的任何一项激励措施都可能会引发员工的各种行为方式,但其中的部分行为并不是企业所希望的。在配套的激励机制的基础上,应建立合理的约束机制。否则员工只想得到好处,其行为就会偏离企业目标。

4.建立员工培训体系

在知识经济时代的今天,工作中所需的技能和知识更新速度不断加快,只有不断地学习,才能提高对社会的应变能力,从而提高执行力。企业必须建立系统、科学的培训体系来维系员工的发展,只有卓有成效的培训才能使员工有效地执行企业的经营策略。只使用、不充电的用人行为是对企业持续竞争力的破坏。

对新员工的培训,保证了员工正式进入岗位就具有很高的技术水平和职业素养,为企业的长期发展奠定了坚实的基础。对在职员工也要进行培训,它不仅可以为公司储备大量人才,也可成为衡量员工工作质量的一个重要指标。

5.建立及时跟进机制

战略目标的实施是复杂的过程,需要不断地跟进。中层领导必须考虑各种可能出现的因素,需要承担的风险以及预期的回报,针对各项指标对员工做多方面的考评,促使其不断反省。

跟进按时间可分为三个阶段,一是事前跟进,发现潜在风险提前给员工预警;二是事中跟进,在任务进行中发现问题后,寻找解决办法,使员工的工作重新回到正轨上来;三是事后跟进,出现问题后,找出原因,提供补救建议和具体措施,避免员工以后再犯同样的错误。

中层领导通过跟进,向员工传达一个敦促行动的信号,确保他们在开展工作的时候做到协调同步, 这是提高员工执行力的一个重要控制措施。

6.领导风格的重要影响

执行力的维持包括战略层面、人员层面、制度层面、文化层面等很多方面。其中领导风格对执行力的影响是一个重要因素。

在中国管理界曾出现过严管重罚和文件会议满天飞的现象,严管重罚与整天的开会、发文件,就是一种领导的风格。虽然这对执行能起到一定的作用,但好多事往往适得其反,大家相互推诿扯皮的现象多了,敢于承担责任的人少了;雷声大雨点小的现象让大家看惯了;为了发文件而发文件的事也层出不穷。

有些小事作为领导是必须要做的,这也是一种领导风格,这种风格导致的结果就是执行力的强化。通过与员工的交流,来收集信息,评价员工,发现执行力的强弱和目标与执行之间的差距。长期坚持下去,这种风格就成为执行文化的一部分。

成功的执行并没有什么神秘可言,道理很简单,关键还是做的问题。正如一位成功学者所说:把简单的事反复做,也许我们就成功了。

第二章

没有落实，一切都是空谈

在现代社会，只有靠落实，你才能在激烈的职场竞争中脱颖而出；也只有靠落实，崭新的未来才会扑面而来。所以，不管你是企业员工，还是党政干部，没有落实，一切都是空谈。

一、落实是每个人的责任

对于一名领导干部和单位员工而言，只有具备高度的责任感、怀有强烈的责任心，才能确保工作正常落实，进而推动事业的发展。

在工作中，每一名领导干部和单位员工都必须具备高度的责任感，因为责任是一个人的立身之本，更是落实工作最基本的保证。

然而，“责任”这个原本应该是每个员工基本道德范畴的词汇，却被人们蒙上了“有麻烦”的盖头。于是，该做的工作不做，该负的责任不承担，有的员工甚至忘记了自己的职责，丢掉了本色，成为工作之中看不出来、关键时刻站不出来的与其工作岗位不符的人。最后，导致了工作落实不到位，甚至造成严重的后果。

在一个单位里，站在不同的岗位就拥有不同的岗位职责，一个人的职位越高，权力越大，他所肩负的责任也就越重；一个人承担的责任越大，他的人生价值也就越大。

当一个人忘记了自己的责任，使制度得不到有效落实的时候，将会产生可怕的后果。因此不论什么时候、在什么地方、发生了什么事情，都不要忘记自己的责任。

实际上，只有那些不推卸责任的员工，才有可能被赋予更多的使命，才有资格获得更大的荣誉。一个缺乏责任感的员工，或者一个不负责任的员工，首先失去的是企业对自己的基本认可，其次失去的是领导对自己的信任与尊重，最终将失去信誉和尊严。

作为一名员工，你要明白，落实是每个人的责任，工作就意味着责任，工作不是为了谋生才做的事，而是你的一种使命。有了这种意识你就应该表现得更加优秀，从而最终落实工作。

在工作中敢于承担责任，能够使工作得到有效落实的员工，通常具有如下特质：

1.绝不置身事外

领导干部作为单位的一员，要把单位当作是自己的家庭一样来看待。在工作之中，假如碰到一些不是自己岗位职责范围内的事务，也不要置身事外，而应该积极、主动地为公司处理好这些事务。即使领导没有交代，也要把它们当成自己应该履行的职责，认真、负责地把它处理妥当，为公司消除隐患，这才是一名优秀而出色的落实型员工。

在工作的过程中，只要是事关公司的事务，你就不应该袖手旁观，置身事外。尽管做这些职务范围以外的事务会占用你宝贵的时间，但是，你的行为所体现出的强烈的责任心，将会为你赢得良好的声誉。社会在发展，公司在成长，个人的职责范围也应该随之扩大。不要总以这不是你分内的工作为由来逃避责任，推卸责任。当额外工作降临时，或许是“机遇”在向你挥手。

2.永远记住“这是自己的工作”

“这是自己的工作！”这句话是每个员工都应该牢牢记住的。哪怕遇到困难，哪怕是最不可能完成的任务，也不要推托，只有你去接受它，你才有可能超越自己，才能保障工作落实到位。

总之，员工只有认识到自己在做的是一份不能推卸责任的工作，才会尽职尽责地去提升自己的工作质量和服务态度，从而使工作得到有效的落实，推进事业的发展。

二、落实就是竞争力

保证工作落实到位是一个员工脱颖而出的砝码，拥有它，你将会在竞争激烈的职场上走得更顺利。

在单位里，每个人都有不同的职业轨迹，有的人成为公司里的核心员工，受到领导的赏识；有些人牢骚满腹，总认为自己与众不同，而到头来仍一无是处；有的人一直碌碌无为，不被人知晓……众所周知，除了少数天才，大多数人的禀赋都相差无几。那么，是什么原因导致这种差别的存在呢？

答案是“落实”。因为只有靠落实，他们才有了超越竞争对手的内在能力，而这种能力就是竞争力。

在工作中，我们可以看到形形色色的人：有的勤勉进取，有的悠闲自在，有的得过且过。能否落实决定工作成绩。我们不能保证落实就一定能成功，但是，我们可以保证成功的人一定可以保证工作落实。

工作之中普遍存在着三种人：

第一种人：得过且过，只完成分内之事的人。

第二种人：牢骚满腹，永远完不成工作的人。

第三种人：积极进取，可以保证工作落实的人。

实际上，不管你所工作的机构有多庞大，甚至也不管它有多么糟糕，每个人在这个机构中，都能有所作为。有的领导可能对员工的工作设置障碍，或者不能充分赏识和鼓励，或对员工的出色表现视而不见，也有一些领导愿意对员工进行培训，改善他们的业绩，并给予鼓励。但是，不管环境的好坏，最终，卓越的工作表现都需要你保证工作的落实。

因此，如果你想要在职场生涯中画上辉煌的一笔，留下骄人的业绩，那么，你就必须出色地完成领导交给的任务，确保工作落实到位。

三、树立落实的观念

强烈的"落实"观念，是落实的前提条件，有了这个前提条件，我们才能转变认识，转变行为，时时刻刻想到落实，时时刻刻注意落实；才能不打折扣地保证落实。

记得一位名人说过："观念决定思想，思想支配行为，行为决定结果。"

作为一名员工，如果没有强烈的"落实"观念，不能时时刻刻注意落实，不能时时刻刻想到落实，那么，在工作中，他就会忽视落实。他就会只唱高调，不管实效；就会见到矛盾绕着走，见到风险躲着走，见到困难往回走；就会喊得凶、抓得松。落实，自然也就成了一句空话。

两个农民外出打工。一个准备去上海，一个打算去北京。可是在候车厅等车时，他们都改变了主意。因为他们听邻座的人议论说，上海人非常精明，外地人问路都收费；而北京人特别厚道，见到吃不上饭的人，不仅给馒头，还送旧衣服。

于是，去上海的人想，还是北京好，挣不到钱也饿不死，幸亏还没上车，否则就麻烦了；去北京的人想，还是上海好，给人带路都能赚钱，还有什么不能挣钱的？幸亏还没上车，不然就失去了一次致富的机会。

最后，他们在退票时相遇了。原来要去北京的拿到了去上海的票，原来要去上海的得到了去北京的票。

去北京的人发现，北京真的很不错。他初到北京一个月，什么事情都没干，竟然没有饿着，不仅银行大厅里的纯净水可以白喝，而且大商场里欢迎品尝的点心也可以白吃。

去上海的人发现，上海果然是一个可以发财的城市，干什么都可以赚钱。带路可以赚钱，看厕所可以赚钱，甚至弄一盆凉水让人洗脸也可以赚钱。

于是，到上海的第二天，他就凭着乡下人对泥土的认识和感情，在郊区的建筑工地装了15包含有沙子和树叶的土，然后以“花盆土”的名义，向搞不到泥土但又爱花的上海人兜售。

当天，他就在城郊间往返了10次，净赚了100元钱。一年后，凭着“花盆土”，他竟然在大上海拥有了一间小小的门面房。

在长年的奔波中，他又有了一个新的发现：一些商店楼面干净而招牌黑。他一打听才知道，原来，清洗公司只负责清洗楼面而不负责洗招牌。他立即抓住这一空当，办起了一家小型清洗公司。

不久，他的公司就有了150多名职工，业务也由上海发展到广州和深圳。

后来，有一天，他坐火车去北京考察清洗市场的情况。在北京站，一个捡破烂的人把头伸进软卧车厢，向他要一个空啤酒瓶。

就在递啤酒瓶的时候，两个人都愣住了。因为五年前，他们曾经换过一次车票。

这个小故事生动而形象地说明了观念对落实的作用。实际上，任何一项工作任务的完成，都是抓落实的结果，而观念在这一过程之中起着决定性的作用，因为：

①假如我们缺少落实的观念，忽视了落实，不抓落实，不去真

正落实，那么，任何有效的方法、任何创新的思路、任何重要的工作精神，都只能是画饼充饥而已。

②假如我们缺少落实的观念，忽视了落实，不抓落实，不去真正落实，那么，任何宏伟的蓝图、任何辉煌的前景、任何理想的目标，都只能成为水中月、镜中花，不可能成为现实。

③假如我们缺少落实的观念，忽视了落实，不抓落实，不去真正落实，那么，任何完善的措施、任何缜密的计划，任何严格的制度、任何正确的政策，都只能成为一纸空文。

有一位哲人曾经说过："世界上只有两种力量，一种是观念，一种是剑，但观念最终总是战胜剑。"观念能左右我们的思维和认识，能左右我们的行为和方式，能左右我们的目标和结果。

因此，作为员工，我们要有效地执行领导所制定的各项管理规章制度，将工作做到位，实现自己预定的目标，必须牢固地确立强烈的落实观念。

四、落实工作无小事

很多大事情，落实到具体的工作中，都是由无数件小事构成的，如果我们忽略了小事，大事情就无法完成。

在工作中，大事情需要落实到位，小事情也要不折不扣地落实。因为，很多大事情，落实到具体的工作中，就是由无数件小事构成的，假如我们小事落实不到位，大事情也就无法完成。

“小事”往往牵连大事，关系全局。在日常工作中，常常是因事“小”而被人忽视，掉以轻心；因其“细”，也常常使人感到烦琐，不屑一顾。但就是这些小事和细节，往往是工作进展的关键和突破口，是关系成败的双刃剑。

海尔总裁张瑞敏曾经说过，把一件简单的事情做好就是不简单，把一件平凡的事情做好就是不平凡。假如我们能够牢固树立工作之中无小事的理念，那么我们就能在决策上科学民主，不搞“想当然”；在工作上精益求精，不求“过得去”；在行事上注重细节，不当“马大哈”。付出全部的热情和努力，把每一件事都做到完美。

“千里之行，始于足下”，任何一座宏伟的建筑都是由一砖一瓦堆积而成。同样，工作的落实也是从这一点一滴的积累中获得的。把每一件简单的事做好就是不简单，把每一件平凡的事做好就是不平凡。

工作之中无小事，每一件小事都可以算是大事。作为一名员工,不要小看小事,不要讨厌小事,只要是有益于自己的工作和事业,不论什么事情我们都应该全力以赴。用小事堆砌起来的事业大厦才是坚固的,用小事堆砌起来的工作才是真正的落实工作。

总之,工作中的每一件事都值得我们去做,包括那些非常细小的事,我们不但要做,而且应该用心去做。这才是落实型员工的表现。

五、不落实是最严重的错误

在工作中，有的人害怕犯错误，所以就不采取任何行动。他们天真地以为这样就可以避免错误，其实不做反而是更大的错误。

有个出自战国时代《吕氏春秋》的成语，或许大家都还记得：

有一个楚国人出门远行。他在乘船过江的时候，一不小心把随身带着的剑落到了江中的急流里。船上的人都大叫："剑掉进水里了!"这个楚国人马上用一把小刀在船舷上刻了个记号，然后回头对大家说："这是我的剑掉下去的地方。"众人疑惑不解地望着那个刀刻的印记。有人催促他说："快下水去找剑呀！"楚国人说："慌什么，我已经做下记号了。"船继续前行，又有人催他说："如果再不下去找剑，这船越走越远，剑就找不回来了。"楚国人依旧非常自信地说："不用急，不会有事的，我的记号刻在那儿呢。"直至船行到岸边停下后，这个楚国人才顺着他刻有记号的地方下水去找剑。可是，他怎么能找得到呢？船上刻的那个记号是表示这个楚国人的剑落水瞬间在江水中所处的位置。掉进江里的剑是不会随着船行走的，而船和船舷上的记号却在不停地前进。等到船行至岸边，船舷上的记号与水中剑的位置早已风马牛不相及了。

这个楚国人用上述办法去找他的剑，不是太糊涂了吗？他在岸边船下的水中，白费了好大一阵工夫，结果毫无所获，还招来了众人的讥笑。退一步说，即便是船不行走，光刻下记号却不下水去捞，结果仍然是一样的。

实际上，如果这个故事中的楚人在剑落到江中时就想办法打捞,或许还有失而复得的可能。只是做个记号,却不付诸即刻执行,当然只能失去机会了。

在工作中,员工也是一样。要想赢得老板的青睐,获得事业发展的机会,就不要害怕错误。一个出色的捕鱼能手,不在于看准鱼群上饵的区域,而在于收线的一瞬间;一名出色的猎手,不在于瞄准猎物时的神情专注,而在于枪响的一瞬间;而一位出色的商人,不在于看见了商机,而在于开始行动的一刹那。

在工作中,有的人害怕犯错误,所以就不采取任何行动。他们天真地以为这样就可以避免犯错误,其实不做反而是更大的错误。在老板的眼里,企业所做的一切努力都是为结果服务,没有了结果一切就是白费。而结果最终要靠落实来实现,所以没有落实执行,也就没有企业的生存和发展。

因此,作为一名员工,一定要明白,如果理想化的东西不能转化为实际的行动,就只是空谈。只有把工作落到实处,才能从中得到利益,得到实惠,同时也能满足个人的需求。

在很多时候,问题解决的关键就在于用行动去落实,一旦时机错过了就不可能会再来。也就是说,不落实才是最严重的错误,一切问题的关键都在于行动。

六、没有落实，就没有成功

如果工作只停留在想法和计划上，不去落实，就无法取得成功。抓落实促落实之所以重要，源于抓落实促落实是我们解决问题、推动工作走向成功的关键所在。再好的思路、再高的目标，如果不抓落实，也只是空中楼阁、纸上谈兵。布置工作、下达任务，如果得不到落实，结果也等于零。为此领导干部要以“打铁还需自身硬”的勇气和魄力，知责、明责、履责、尽责、督责、问责，切实强化抓落实的能力。

一是以知责明责促责任落实。要始终坚持用党员的标准严格要求自己、约束自己。要始终“敢”字当头，在勇于担当中履好职，在务实进取中尽好责。要进一步简政放权，精简手续、提高效率，杜绝行政不作为、慢作为、乱作为。要争当主动服务、优质服务的先锋，不轻易说“不行”“不能”，而要主动想办法、出主意，作为一名国家公职人员尤其是领导干部，理应带头知责任、明责任、尽责任，积极投身改革发展大业，建设我们共同的家园。

二是以履责尽责促责任落实。要按照“强化抓落实的责任、鼓足抓落实的干劲、树立抓落实的典型、突出抓落实的效果”的要求，坚持问题导向，狠抓问题整改，确保各项工作落到实处。

三是以督责问责促责任落实。要强化党内监督，确保党内监督落到实处、见到实效。问责是推动党内监督工作落实的重要手段。

强化党内监督，必须对不担责、不履责等行为进行严肃问责，让失责必问成为一种常态。

在实际工作中，每一位领导干部和员工都要记住：只有把工作落实到位的人，才能显示出真正的聪明，才会让自己在激烈的竞争中脱颖而出，走向成功。

第三章

干什么——目标专注是落实的前提

“干什么”就是把事情谋准谋实。只有精准地确定目标任务，才能谋到关键处、干到点子上，才能保证工作方向正确、符合规律、回应需求。如果“干什么”不清楚、不精准，就会像无头苍蝇般乱冲乱撞，难以到达成功的彼岸。在竞争激烈的职场中，假如一个员工能够集中注意力，专注于自己的目标，便会比其他人更有把握核心的能力，工作落实的机会也将大大增加。

一、集中精力，专注是金

在工作岗位上能够保证工作落实的人，才能够始终专注于自己的工作。作为一名员工，只有一心一意、集中精力专注于自己的工作，才能发现工作中的细枝末节问题，才能全力以赴地保证工作的落实，从而比他人更容易找到通往成功的突破口；否则，就很容易在工作过程中出差错，不但会造成公司的损失，还会让自己丧失工作机会，就更谈不上落实工作了。那么，员工怎样才能做到专注于自己的工作呢？

1.有次序地处理事情

实际上，并不是所有具有拖延习惯的人都是不负责任、工作懒散的人，相反，在拖延者中，有相当一部分人做事勤恳卖力，但最终效率却极低。究其原因，主要是因为他们对自己所要做的事缺乏全局计划性，做事不分轻重缓急，如果能够合理调控时间，分轻主次的话，就会在有限的时间内完成更多的任务。

所以，做事需要章法，不能眉毛胡子一把抓，只有按事情的轻重缓急，一步一步地把事情做得有条理、有节奏，做事效率才能提高；不论做什么，都要从全局的角度来进行规划，将总体目标分成若干个小目标，将事情分出轻重缓急，这样取得的成效就会完全不一样。如果始终坚持这种从全局统一规划，并坚持“要事第一”的做事原则，久而久之便会培养起自己“先做重要的事”的好习惯。

2.培养自我控制的能力

每个人都兼具理性与感性，对大小琐事都想用理智做衡量是不可能的，而且大部分行为都是以感情为出发点，这是人性真实的一面。往往是因为别人的一句话，你便耿耿于怀，动辄勃然大怒，根本无法控制自己。但是，等到情绪过后，才懊悔当初，这是很多人的通病。因个人某方面致命的弱点或缺陷而最终失败的人，在失败者中也不在少数。这样的人，一定要培养自我控制的能力，克服浮躁的情绪。要经常想到自己的不足和弱点，既要自我崇尚、有信心，也要自我检查、随时修正，不断地完善自我、提高自我。只有能自我克制的人，才能不为外界环境所左右，才能真正做到专心致志，专注于目标。

3.一次只做一件事

一次只做一件事，并全身心地投入工作，把它落实到位，这样你的心里就不会感到筋疲力尽。专心于你已经决定去做的事情，放弃其他所有的事。把你需要做的事情想象成是一大排抽屉中的一个小抽屉，你所要做的只是一次拉开一个抽屉，令人满意地完成抽屉内的事情，然后将抽屉推回去。不要总想着所有的抽屉，而要将精力集中于你已经打开的那个抽屉。一旦你把抽屉推回去了，就不要再去想它。了解你在每次任务中所需担负的责任，了解你的极限。假如你把自己弄得筋疲力尽和失去控制，那你就是在浪费你的时间。选择先做最重要的事，把其他的事放在一边。做得好一点，做得少一点，这样才能从中得到更多的快乐。在激烈的竞争中，假如你能对一个目标集中注意力，落实工作的机会也将大大增加。

4.排除次要事务

在工作中，我们在努力向自己的目标靠近的时候，总是会遇到各种各样的事情的干扰。有时候是来自经济方面的,有时候是家庭方面的,这些方面的因素就是对你把握重要事务能力的挑战。假如你因为这些次要事务而停止了前进的步伐,甚至因此偏离了目标的方向,那么,你就离成功的目标越来越远。

德国著名作家歌德曾经说过:"重要之事决不可受芝麻绿豆小事牵绊。"

员工要想有效工作,就要集中精力于当务之急,排除那些次要事务的牵绊。如果进入行动状态后,全力以赴地向前迈进,就很容易落实,而且乐意使结果最大化。

5.训练自己集中注意力的能力

想成为一个落实的员工,就绝不能把精力同时集中于几件事上,只能关注其中之一。也就是说,不能因为从事并不迫切的事情而分散了自己的精力。中国古代的铸剑师为了铸成一把好剑,必须在深山中潜心打造十几年。有道是:"十年磨一剑",专注能够保证做事效率的最大发挥,为了落实工作,必须远离那些使你分散注意力的事情,集中精力选准主攻目标,专心致志地向你的目标努力,这样才有可能取得成功。

总之,一个人要把工作落实到位,就必须心无旁骛、全神贯注于自己的工作,全力以赴于自己的人生目标,这样才会成为最受欢迎的员工,才会在自己的人生道路上顺利前行。

二、简化复杂的工作

人们之所以常常忙得焦头烂额，但又没有完成工作任务，主要原因就是他们将简单的事情搞复杂了。提高效率的三大原则，就是当你处理工作的时候必须自问：可不可以取消它？是否能够与别的工作合并？能不能用简便的东西代替它？这三个原则就是要求你将复杂问题简单化。

实际上，简单是一门化繁为简的艺术。简单是成功的一个关键。它能够给我们正确处理事务和聪明工作的力量。简单是一种少做次要事情的力量，也是一种多做重要事情的力量。复杂的问题简单化可以加快你的工作进程和节奏，也能帮你抓住事情的重点，从而大大提高工作的效率，保证工作提前落实到位。

简单是一种区分“重要事务”和“紧急事务”的能力，是一种能使你从周围繁杂的现实信息中找到关键信息，快速理解、快速解决的能力。简单是一种探索问题的清晰风格，它是一种深入解决问题的能力。

实际上，我们工作的方法跟光的传播一样，有着一些相同的规律：只有中间没有障碍物，光才可以直线传播，从而有效地发挥光的热度。因此，假如我们想要落实工作，就必须遵循繁事化简的法则，也就是说我们处理事情要像光的直线传播一样，要直接而又简单。

简单，就是最直接、最有效的成功方式。虽然要想把一件复杂的事情搞得简单而有效，确实不是一件容易的事情，但可以肯定的是，把复杂的事简单来做，一定会有很多方法，也总有一个方法是最简单、最实用的。我们每个人都急需把弃繁从简的成功理念深植心底，并把这个理念运用到实践中，那么，简单就可以成为我们化解心理压力的有效方法，是我们落实工作的一条捷径。

因此，在竞争与挑战越来越激烈的现代社会，每个人都要学会把复杂的事物简单化。

三、不要被琐事干扰

如果你想充分利用工作中的每一分钟，为单位做些有益的事情，保证工作的落实，就必须去做值得自己投入时间和精力的事。在工作中，经常有人做事东一榔头西一棒槌，几十年来都是这样，因此也没取得大的业绩，事业也没有大的发展，最终反而累垮了身体，熬白了头发，到头来发现大半辈子过去了，却把一切都耽误了。

许多人在小事上空耗精力，真正的大事却没有足够精力去做。就像有漏洞的锅炉，蒸汽在没有驱动活塞产生能量之前，就已泄漏得一干二净。这种人每天都在白费力气，于己于人毫无用处，甚至总是帮倒忙。

作为一名员工，最可贵的本领之一就是与任何人交往都能简捷迅速。这是一般落实者都具有的特征。以沉默寡言和办事敏捷、迅速而著称的落实者都是深谋远虑、实力雄厚、目光敏锐的人，他们说的话，句句都很准确、到位，都有一定的目的，他们从来不愿意在这里耗费一点的时间。

当然，有些时候，一个待人做事简捷迅速、斩钉截铁的人，也容易引起别人的不满，但是，他们绝对不会把这些不满放在心上。为了在事业上有所成就，为了恪守自己的原则，为了保证工作的落实，他们必须减少与那些和他们的事业没什么关系的人来往。一个落实者总是能判断自己面对的人在工作上的价值，不管他是领导还是员工。如果对方有很多不必要的废话,他们会想出一个收场的办法。同时,他们也绝对不会在别人的上班时间和对方海阔天空地谈些与工作无关的话,因为这样做实际上是在妨碍别人的工作,浪费别人的生命。

很多时候,我们的时间都是被别人浪费掉的。一个人失败的原因,90%是因为这个人周围的亲戚、朋友、同事和熟人都是一些喜欢浪费别人时间的人。他们无所事事、游手好闲,虽然不是有意要浪费你的时间,但他们就是要聊天要消遣,需要找人说话。在遇到这种情况的时候,我们一定要敢于拒绝,而且要善意地拒绝。否则,这些“盗取时间者”,会从各种渠道浸入,夺走你宝贵的时间。

比如说:忽然被分派的工作、计划外的访客、长时间的演说、电话推销、没有意义的工作、任意改变行动方针、难懂的文书、不得要领的指示或报告、无意义的长时间说明、同事间的闲谈、没有在预定时间内结束的会议、长时间的电话,等等。

这类“盗取时间者”也存在于自己身上。比如犹豫不决、未善尽责任、毫无计划行动、不注意、不正确、无效率、顾忌过多等,此外,还包括一些无意义的饶舌及长时间的电话。

要提高工作效率,就要把这类琐事断然击退。

生命短暂,精力有限,我们没有资本供自己挥霍。如果想充分利用生命中的每一天,保证工作的落实,赢得领导的青睐,那么,我们就必须去做值得自己投入时间和精力的事。

四、一次只做一件事

专注于一个目标,一次只做一件事,才可以保证工作高效高质的落实。还未被磁化过的针会指向各种方向,一旦它们靠近磁铁而获得特殊的力量之后,便会指向北极,并且从此以后一直都坚定不移地指向北极。对于员工也是同样的道理。要想干好一件事情,把工作落实,就必须心无旁骛、全神贯注地为自己既定的目标努力。

专注工作是善抓细节的良好开端,而目标是专注的前提。所以,每一名员工都应该为自己树立一个坚定不移的目标。当你专注于自己的工作目标,并锲而不舍地为之奋斗时,一定要保证工作落实到位。实际上,在人类的历史中,这种专注于一个目标而落实工作,最后取得成功的事例数不胜数。作为一名员工,在处理工作时,也要一次只专心地做一件事,将注意力集中在专一目标上,全身心地投入并积极地使它成功,只有这样,你的心里才不会感到筋疲力尽,才会有更充沛的精力致力于自己所做的岗位工作,把工作落实到位。

在工作中,很多人把自己搞得疲惫不堪,而且效率非常低,其原因就在于他们很大程度上没有掌握这个简单的工作方法:“一次只解决一件事。”我们总试图一次多做些事,让自己具有高效率,而结果却常常适得其反。

在从事一项工作时,不要因为受到干扰或者疲倦就放下正在做的工作,转身去做其他不相干的事情,除非你只是想去呼吸一下新鲜空气。因为,假如这件工作还没有结束,就又开始另一件工作的话,你的大脑就会开始混乱。我们一定要力求把你手头上的工作做完以后再开始另外的工作,即使这项工作暂时遇到了阻碍,也要尽力去做完。

如果一个人总是把精力分散到许多事情上, 对待本职工作不认真,不将准确的逻辑推理能力、敏捷的判断力、丰富的专业知识和工作中的具体细节联系起来,就会不断地增加错误的发生概率,严重时还会因自己的疏忽大意造成无法挽回的损失, 最终也将一事无成。要知道,所有落实者都把自己所有的精力集中于一件特定的事情上。

当然,在确定自己专注的目标之前,你也应该认真审视自己,从自己的兴趣和专长下手,寻找突破口,然后再确定工作和人生的目标。每一名员工还要善于了解自己在每次任务中所需担负的责任,了解自己的极限。假如把自己弄得筋疲力尽和失去控制,那就是在浪费时间。

总之,对于每一名员工来说,专注于自己的目标,永远都是在激烈的职场竞争中立于不败之地的有效手段, 它将会使你比其他人更能抓住细节和主流,大大增加落实工作的机会。

五、一生做好一件事

如果人的一生干了许多可有可无的事，那对于生命而言，只不过是在原地转圈而已。在工作中，我们每个人都会有这样的误区：认为数量就是落实的表现，而去盲目追求事情的数量。这样就导致了对质量的忽视。实际上，质量和数量都是落实的重要因素。只有数量，没有质量，只是追求形式上的落实而已，并非真正意义上的落实。

实际上，有些行业得花一辈子的精力去钻研和奋斗，任何一个大师级的人物，也都只是自己所在领域内的大师。有人曾向意大利著名男高音歌唱家卢卡诺·帕瓦罗蒂请教成功的秘诀，他说："当我还是一个孩子的时候，我的父亲，一个面包师，就开始教我学习唱歌。他鼓励我刻苦练习，练好基本功。当时，我兴趣广泛，有很多爱好和理想——想当老师，当科学家，还想当歌唱家。经过反复考虑，我选择了唱歌。于是，经过7年的努力学习，我终于第一次登台演出了。又用了7年，我才得以进入大都会歌剧院。而第三个7年结束时，我终于成了歌唱家。要问我成功的诀窍，那就是一句话：请你选定一把椅子。

在我们的一生中，我们会面临诸多的选择，特别是在创业之始，选择非常重要。一旦看准一件事，选定了目标，就要坚定不移地走下去，否则很容易一事无成。

每个人一生的梦想和欲望有很多,但是,每一个落实者都懂得在选择的同时,学会放弃。假如我们能够认真区分并减去那些你觉得并不是最重要的事情,从而一生专注于去实现一件事,那么,工作就会变得卓有成效了。

六、落实要懂得取舍

舍得，舍得，有舍才有得。上帝在关闭一扇窗的同时，一定会为你打开一扇门。高手之高，在于能克服人性弱点，懂得取舍。要懂得取舍！至少要懂得什么时候该要什么，该追求什么！不要一辈子都在追求，一辈子都在错过；不要在徘徊、犹豫和挣扎中错失了本该拥有的东西。

落实要懂得取舍！至少要懂得什么东西不该拥有，不该追求！不要一错再错，不要执迷不悟；不要在迷失、空虚和幻想中虚度了本该美好的年华。十全十美固然是好，但自古以来它只是个传说而已！人生就是一场旅行，如果你既想欣赏前方美景，又舍不得身边的美景。那你只能在原地打转，在纠结与犹豫中错过两边的美景；人生就是一场旅行，你想走捷径，就不要在意错过太多美景！你想欣赏更多美景，就不要抱怨走太多路。人生就是一场马拉松，你想快点到达目的地，就不要怕累！你想轻轻松松地走完全程，就不要羡慕或嫉妒别人比你快。人生也是一场交易，你想要获得别人的给予，就不要吝啬自己的付出。

无论你是注重目的也好，还是注重过程也罢，只要心里清楚自己想要的，这才是最重要的！人有很多种，可以从不同的角度来区分。我们可以从性格上来分、可以从性别上来分、可以从种族来分、可以从智商上来分、可以从情商来分、也可以从三观上来分，等等。

如果从三观里的“人生观”和“价值观”来说的话，人可以分为三种。第一种是理想至上；第二种是物质至上；第三种是徘徊在前两者之间的。

“理想主义”的人嘲笑物质派的人现实、庸俗；“物质派”的人嘲笑理想派的人天真、假清高。其实无论是理想至上还是物质至上，都没什么不好，因为这两种人心里都很清楚自己想要的是什么！他们也许是累的，但他们心里不会觉得苦，因为他们是充实的！也许他们做得很累，但是他们活得不累，因为他们并不迷茫。最苦的其实是第三种人。放不下理想的人生，又放不下物质的人生；拿不起理想的人生，又拿不起物质的人生；追求理想，心里却受到物质羁绊；追求物质，却又牵挂着理想！其实大多数人都属于第三种人。放不下的太多，想要得到的太多，到头来发现，没有得到的更多，失去的也更多！

落实是要我们懂得取舍！哲学里有一句话——清空杯子重新注满。也许你的杯子是满的，但它里面的液体不够纯，如果想要更纯，就不要害怕从零做起！万事万物都有两面性，如果在某件事物上，你不知道自己的倾向，那你永远不可能解决根本问题。要懂得取舍！用清晰客观的思维去看待事物，用“一分为二”的思想依据去分析问题，明确自己想要的与不想要的，才会让你飞得更高更远，才会让你活得轻松，活得精彩。

认清了什么是对自己最重要的事，又不被光环所牵绊，是最难能可贵的智慧。成功人士都是在某一方面很成功，自古以来，没有一个人是在各个方面都很成功，落实工作也是同样的道理。实际上，每个人都有争强好胜的本能，让一个人去争取什么并不困难，但是，若要让一个人舍弃什么却非常不容易。落实者的明智之处在于他们做事懂得有所为,有所不为,能够把握取与舍。

在工作中,有时我们也许会经历两难的选择,既然选择了就有取舍。选择总是要经过煎熬,有时候,还要放弃对过去所拥有的或所适应的。

七、对自己准确定位

能否找对自己的位置，不仅影响着一个人成功的速度，而且也决定了落实工作的成效。在工作中，作为一名员工，必须找准自己的位置。这是因为合理分工是合作的前提，适合的人做适合的事才能最有效率地完成工作；对于个人而言，找准自己的位置也可以更好地发挥自己的价值和潜能。所以，在工作的分工上，一定要找准自己的位置，做自己力所能及的事情，否则会加重自己心理上的负担，打击自己的自信心，从而无法真正发挥出自己的能力，高效地落实工作。

在工作中，我们都应该要求自己不断上进，努力奋斗、勇敢打拼，但一个人的体力、智力、适应力和领悟力都有一定的范围和限度。一个人不可能在每件事上都一路领先，胜过其他所有的人。也就是说，我们必须承认，在这个世界上，还有很多事情是我们的力量所办不到的，对于那些事情我们不要勉强自己去做，否则就会害人害己。

俗话说，"没有'金刚钻'，就不要揽'瓷器活'"。当你不具备完成某件事的能力和条件的时候，就要清醒地面对事实，对一切事情量力而行、尽力而为。唯有如此，我们才能够最大限度地缓解自己的压力，减轻心理上的负担，轻装上路。

但是，不要以为找准自己的位置是一件非常容易的事情，实际上,人的一生,就是一个不断寻找自己位置的过程:工作中的位置、生活中的位置、学校中的位置、社会中的位置、家庭中的位置……现在的好位置不代表是永远正确的位置。

所以,每个人在选择适合自己位置的人生舞台时,可以从以下几个方面来衡量:

1.气质类型

每个职业对一个人的气质都有着各自的特定要求。比如说,律师、外交人员要求思维敏捷,能言善辩等特点;教师、医务工作者要求反应灵敏、细致、耐心等气质特性。

2.性格特征

社会上几乎每一种工作都对性格品质有着特定的要求,要选择某一职业就必须具备这一职业所要求的性格特征。实践证明,没有良好的与职业要求相适应的性格品质,就不能很好地适应工作。

3.兴趣爱好

兴趣是最好的老师,兴趣对一个人的发展有一种神奇的力量。人们在选择从事什么行业时,往往首先想到的是喜欢什么,对什么感兴趣。兴趣是人所共有的,但又是千差万别的。不同的行业需要不同的兴趣特征。一个擅长操作的人,靠他灵巧的双手,在操作领域得心应手,但是,假如硬把他的兴趣转移到书本的理论知识上来,他就会感到无用武之地。这种兴趣上的差异是构成人们选择的重要依据之一。

每个人的兴趣爱好各不相同,那些兴趣广泛、爱好多样的人,择业的空间就大些,他们也更能适应不同的工作岗位,广泛的兴趣爱好为选择创造了更多有益的条件。

4.个人的能力

在选择职业时绝不能好高骛远或仅仅从兴趣出发，同时还要实事求是地检测一下自己的学识水平和职业能力，这样才能找到“有用武之地”的合适工作。

总而言之,每个人都要根据自己的具体情况,来选择最适合自己的职业和行业,从而找到最利于自己发挥优势的舞台,这样才能出色地完成工作,走向成功。

第四章

谁来干——高效团队是落实的主体

“谁来干”就是清晰地明确每项工作的责任主体。在明确了“干什么”的前提下，明确责任分工，做到事有人干、责有人担。明确责任主体，把各项任务都落实到每一个地方、每一个单位、每一个人，聚焦用力、同向发力、形成合力。一个人再完美，也只是一滴水；一个优秀的团队，才是大海。面对竞争激烈的社会环境，要想把所有工作落实到位，对于单位来说，团队协作无疑是一种行之有效的工具。

一、合作与落实紧密相连

合作是一种团队精神，是提高工作效率最有效的手段，是现代社会发展与员工落实工作的必要途径。在自然界，大雁是天生的合作者。成群的大雁经常排成“人”字形队伍步调一致地飞行。科学家研究发现，大雁以这种形式飞行，要比单独飞行多出12%的距离。因为为首的大雁在前面开路，能帮助它两边的雁形成局部的真空，从而减少飞行过程中的空气阻力。

同大雁一样，狼群最伟大的品质也是它们的团队精神。狼群很少贮存食物，到了大雪降临的时候，寻找食物对于狼群来说就成了一件非常困难的事情，往往奔波了一两天后，它们仍然一无所获。这时就需要狼群充分保存体力，否则，连续的劳累再加上饥饿和严寒的折磨，它们很有可能会丢掉性命。此时，聪明的狼群就会采取单列行进的办法，一头接一头，这样它们就能保证狼群消耗最少的体力。跑在最前面的狼体力消耗得特别大，它必须在厚厚的雪地上走出第一行脚印，这样后面的狼才能节省更多的体力。领头的狼跑不了多久就会疲惫，这时，它就会自动退到队伍的最后面，休息一下，养精蓄锐，以便可以保存体力，继续战斗。

在自然界中，动物的合作生存是如此；在现代社会里，对于任何一种工作，对于任何一个单位，合作也是一种必然的趋势。在现代企业的运作中，规模越来越大，涉足的行业也越来越宽，聘用的员工越来越多,所面临的环境和问题也随之越来越复杂。面对难以预见的大量问题,错综复杂的各种关系,已不是个人或几个人凭借一己之力所能胜任的了。所以,对于一名员工而言,建立一个目标一致、分工明确、组织有序的团队,通过信息共享和资源共享,才能够创造出高质量的产品与高质量的服务；充分发挥团队成员的合作力量,才能面对急剧变化的环境及日趋激烈的竞争。一个重视团队精神的员工,才有可能在激烈的市场竞争中保持胜利的记录。否则,落实工作将是一个难题。

总之,对于任何一名员工而言,当你通过与团队中的同事精诚合作,将个人独特的优势在工作中淋漓尽致地展现出来,最终使工作得以落实,你便会因此得到领导的赏识。

二、激励团体的工作热忱

与团队并肩作战，是员工具有良好团队精神的重要特征，也是落实工作的有力保障。如果你愿意帮助别人获得他想要的东西，那么你也可以得到你想要的东西，并且你付出的越多，你得到的也就越多。管理大师杜拉克也说过："组织团队的目的，在于促使平凡的人可以做出不平凡的事。"也就是说，团队的力量要远远大于一个个单独的优秀人才的力量。团队成员中的每一个人都具有自己独特的一面，通过取长补短、互相合作所产生的合力，要大于两个成员之间的力量总和，这也是团队之所以能够起到1+1>2效果的道理。

在现代企业中，员工作为个体，仅靠个人的力量，很难把工作落实到位。"独行侠"和单打独斗的时代已经一去不复返了，现代企业更多强调的是统一标准、流程和规范。对于任何一名职业人而言，没有团队的协作，无异于一盘散沙，只要稍有外力击打，便会溃不成军。那么，怎样才能调动团体成员的工作热忱呢？常用的激励方法如下：

1.目标激励

目标激励，是指用确定的、具有社会意义的、符合人们切身利益的、科学可行的目标，也就是通过奋斗能够获得的成就或结果，来激发员工的行为动机，使他们产生旺盛的奋斗精神和落实的动力。

运用目标来激励团体成员，关键要注意设置好目标。一般说来,目标的设置要注意以下几点:

(1)目标的设置要实在具体

目标有远有近,有大有小,但不论何种目标,都不能是虚幻的,而必须是实在具体的。

(2)目标的设置要高低适宜

心理学家曾把目标激励比作摘桃子,桃子吊在空中,怎样才能调动人的最大积极性呢?坐在地上举手可得,不可以。因为目标太低,缺乏"挑战性"。跳起来摘不到,也不可以。因为目标太高,会挫伤人的积极性。答案是,只有奋力跳跃方能摘到的高度,才是最合适的。这一点,可用八个字来概括:"伸手不及,跃而可获"。它能最大限度地调动员工的积极性。

(3)目标的设置要总分结合

设置总目标,使员工感到工作有方向,有奔头。但因为总目标的实现常常是一个长期的、复杂的甚至是曲折的过程,因此,在运用目标激励这一激励方法时,仅设置总目标是不够的。它容易让人感到遥远和渺茫,可望而不可即,从而影响人的积极性的充分创造发挥。所以,目标的设置要总分结合。

2.许诺激励

许诺激励,就是通过许诺自己某件事,来调动自己的积极性。那么,员工在工作中如何掌握好许诺激励这一方法呢?

许诺要适度。适度,是许诺激励的关键。

许诺要适宜。这里所说的适宜,是说许诺要符合自己的需要。

许诺要兑现。对自己的许诺要认真。如果你许诺了,一定要兑现。

3.逆反激励

每个人都有自尊心、自爱心、荣誉心，也有虚荣心和好胜心。逆反激励，就是有意识有目的地运用富有刺激性的语言，将工作对象的这种心理激活，使其改变原来的态度。这种方法俗称“激将法”。

逆反激励运用得好，工作可以事半功倍；但如果运用得不好，则会伤害被激励对象的情感。那么，怎样才能运用得好呢？关键在于审时度势，切中要害，采用最有效的“激活剂”。具体说来，要注意如下几点：

(1)要了解激励对象的性格

逆反激励并不适用于所有人。一般说来，它多适用于那些性格刚烈，自尊心、荣誉心或者好胜心很强的人。这种人大多都喜欢别人看重自己，希望自己超过别人。所以，激励者用带有刺激性的语言一激他，十有八九会成功。但是，如果工作对象性格懦弱内向，做事谨小慎微、自卑感强，没什么荣誉感，刺一千锥子也不出血，整个儿是一个麻木不仁者，逆反激励是没有用武之地的。因为富有刺激性的语言会被他们误认为是对他们的挖苦，甚至嘲弄，并极有可能引发怨恨心理。因此，运用逆反激励，必须了解激励对象的性格。

(2)要选准激将的时机

激将不是在什么时候说都能取得好效果的。时机过早或过晚，都难见成效。所以，运用逆反激励时，一定要选准时机，即选在工作对象对问题有了一定的思考，但还没有下决心行动时。在这种犹豫不决的时候，激励者适时地撒下“催化剂”，就会很容易落实工作。

(3)要注意语言的分寸

实际上，有的语言并不能激发对方的情感。太刻薄，容易形成对抗心理；但语言柔弱无力，不痛不痒，又难以让对方的情感产生波动。所以,在使用逆反激励方法时,在用语上要把握分寸,注意言辞的“度”。既防止“过”,又避免不及。

总之,团队的价值,就在于其能够创造出比团队成员个人所能创造出的总和更多的价值,这也是团队存在的意义。团队为员工提供了施展自己才华的机会和舞台,为员工提供了实现理想的机会。所以, 作为团队的一员, 我们一定要时刻铭记自己的职责和使命——和团队并肩作战。

三、建立和谐的合作环境

要想做一个落实者,不仅取决于本职工作的完成质量,更大程度上还取决于其处理人际关系的能力。在职场中,一个人工作是否能够落实到位,很大程度上取决于其处理人际关系的能力。这是因为,要想使所做的工作落实到位,在同事之间建立起良好的人际关系,是一件绝不能忽略的大事。作为一名员工,拥有良好的人际关系,才能在自己周围创造出一个和谐的工作环境,才能有利于工作上的交流,以便能够通过团队的力量进行有效合作,促进工作上的进展。

良好的人际关系,具有协作氛围的工作环境,是支持每一名员工不断成长的有利条件。作为团队中的一员,一定要努力地去维系好与同事之间的关系。当然,有人的地方,就会有问题的出现,这在我们的工作中并不少见。卡耐基先生曾形象地指出,在现代人的工作中,误解、矛盾等人际"顽疾"像企业出现财务危机、破产等种种问题一样,是不可避免的。所以,作为一名员工,一定要主动行事,通过自己的行为和态度积极地去改良自己的人际关系,为自己的工作奠定良好的基础。建立良好的同事关系,建立和谐的合作环境,可以从以下几方面去做:

1.把优越感让给别人

在团队工作中,假如能够有时"傻"一点,把优越感让给别人,不失为一种获得他人帮助与合作的良策。

2.和队友建立亲密朋友关系

许多人都认为，在同事之间不可能存在真正的友谊。其实不然。要知道没有任何人可以将工作与私人的关系分得一清二楚，因此，当你与你的同事建立起亲密的私人关系时，这种个人之间的良好关系会潜移默化地对团队的发展起到重大作用。更为重要的是，当你与你的队友、领导建立起了良好的私人关系时，你将发现融入团队并不是一件难事!

但是，假如你固执地认为同事间总是为了利益而相互倾轧，而将自己封闭起来不与同事进行沟通，那么你的团队合作可能就不会朝良性方向发展。千万不要认为工作和私人是两码事，为了更好地与团队合作，最好能试着与同事之间建立亲密的私人关系。

3.遵守团队制度

作为一名员工，只有了解团队的制度，熟悉团队的规划，才能使自己与团队的节奏保持一致，从而使整个团队发挥最大效能。

团队在运作的过程中，通过制度，团队的发展将变得有章可循，队员在进行行为选择时，也将拥有明确的理性预期，能够有效防止工作效率低下和个人惰性的滋生，也将为团队的管理节省一大笔资金。

4.积极地参与

在许多团体场合，有的员工喜欢让别人抛头露面，在讨论中首当其冲，而自己却静静地坐在那里，做一个似乎感兴趣的旁观者。这样做的结果是，你无法培养自己的社交能力，赢得团体中其他成员对你的尊重，或者对团体的决定施加影响。当你同样对团体的最终决策负有责任时，不管你态度积极或保持沉默，你都可以贡献你的聪明才智。

员工作为公司的个体，只有把自己融入整个团队之中，凭借整个集体的力量，才能把自己所不能完成的棘手问题解决好。当你来到一个新的单位，你的领导很可能会分配给你一项你难以独立完成的工作。领导这样做的目的就是要考察你的合作精神，他要知道的仅仅是你是否善于合作，勤于沟通。假如你一声不响，一个人费劲地摸索，最后的结果很可能是死路一条。明智且能落实工作的捷径就是充分借用团队的力量。

5.营造民主气氛

如果一个团队缺少民主氛围，那么这个团队就会死气沉沉，没有一点活力。营造民主气氛，团队领导起到了关键作用。但是，员工作为团队中的一员，也有权利和义务就团队事务发表自己的看法。设想一下，你是否满意目前你所在团队的氛围，你是否觉得自己状态良好，而且潜能得到了发挥？

假如你对你的团队的氛围还比较满意，那么你一定要积极地投入到你的团队中去，主动地参与团队的各种活动，热情地帮助你的队友，但也要注意不要越俎代庖，干涉别人的事务。

假如你对你的团队不民主的作风非常反感，建议你主动去找团队的领导就此进行沟通，注意态度一定要诚恳，要本着促进团队发展的心态和合作的理念去沟通，否则，演变成团队的内讧就事与愿违了。假如你在试着跟团队的领导沟通时，你的意见被忽视或者被嗤之以鼻，那么，为了你的发展，你最好还是离开该团队，否则你的才能发挥会受到很大限制，你工作也不会顺心。

6.站在他人的角度看问题

在工作中，员工在合作时难免会发生冲突，也许整个事情完全是他人的错,但是,你也应保持镇定,不要冲动,多站在他人的角度上看问题,指责与争吵并不能解决实际问题,而你却可能会因此失去一个好的合作伙伴。做一个宽容的人,考虑他人的感受,理解他人的苦衷,这样才会在任何情况下都有好的人际关系,获得与他人的合作,从而把工作落实到位。

四、合作才能双赢

合作是一种团队精神，是提高工作效率的有效手段，是现代企业发展与员工落实工作的必要途径。一损俱损，一荣俱荣，生意场上存在大量诸如此类的“共生”“共赢”关系，任何一个落实者都懂得利用合作的关系，帮助自己渡过难关。他们把自己与同事协作看成是一种力量优势。他们懂得合作的力量。

尺有所短，寸有所长。随着现代企业的不断发展，社会分工也就越来越精细，每个员工都不可能成为百科全书式的人物，他们都必须要借助他人的智慧来完成自己人生的超越，合作才有利于双赢。

我们生活在一个合作的时代，合作已成为人类生存的手段。个人英雄主义的时代已经过去，一个只会自己工作，平时独来独往的人，在现在这个时代已很难取得成功。落实工作，占主导地位的不再是一个人的能力，而在于各成员间的团结协作。我们可以从别人那里学习到很多对自己有用的东西，团结合作就是提升自己。

犹太人认为，一个人赚钱没有什么了不起，要让大家都能赚钱才是成功。许多个体的精诚合作，可以控制整个市场。我们要落实工作就应该认清时代的特点，在这个需要合作的时代，珍视身边合作的机会，珍惜身边每个可能会合作的人。

时代在进步，团队合作精神已经成了一种无法替代的工作方式与职业需求。企业的发展依赖于团队成员间的相互协助，个人事业的落实成功也需要团队成员间广泛的交流与合作。对于任何一名员工而言,当你通过与团队同事间的精诚合作,将个人独特的优势在工作中淋漓尽致地展现出来,你便会把工作落实到位,最终赢得领导的赏识,拥有自己事业上的成功。

五、积极有效地融入团队

在工作中，要用上所有的力量，不仅包括自己的全部力量，还包括可以被自己调动的所有外界的力量，这就需要你能够融入团队。一个人，不管他的经验有多丰富，不管他的水平有多高，也不可能在某项事业上独自取得成功。这是因为，自古以来，没有哪一个人是十全十美的，总会表现出这样或那样的不足。唯有一个优秀的团队，才可以实现优势互补，达到完美的境界。因此，一个人不可能完美，但团队可以完美。

可见，最简单、最高效的工作秘诀就是积极融入团队，明智且能落实到位的捷径就是充分利用团队的力量。一个人是否具有团队合作的精神，将直接关系到他的工作业绩。在专业化分工越来越细、竞争越来越激烈的今天，靠一个人的力量是无法面对千头万绪的工作的。

对于一个团队来说，每一个角色都是非常重要的，不管是能力强的，还是能力弱的，也不管是领导者还是员工。其在团队中的地位是没有高低之分的，个人的力量在团队之中只是一部分，唯有团队的力量才是整体的力量。因为团队的成功是集体的成功，而不是某个人的成功。

英国作家萧伯纳曾经说过："两个人各自拿着一个苹果，互相交换，每人仍然只有一个苹果；两个人各自拥有一个思想，互相交换,每个人就拥有两个思想。”一个人可以凭着自己的能力取得一定的成就,但是,假如一个人能够把自己的能力与别人的能力结合起来,就会把落实工作做得更完美。荷兰人有句格言:“靠一根手指,连一个石子也拾不起来”。实际上,很多落实的成功都是某种合作形式下的产物。

在追求个人落实成功的过程中,任何一个员工都离不开团队的合作,离不开别人的帮助。一个人不可能样样精通,团队却可以。好的创业团队,员工之间的能力通常都能形成良好的互补,而这种能力互补也会有助于强化团队成员间彼此的合作。只有这样,我们才能够最终实现个人与团队的共同成功。

总之,合作产生力量,分裂就会退步。假如你想要落实的效果,那么从现在开始就要积极融入团队,与自己的同事通力合作,共同努力,完成任务。

六、多一点沟通，保证落实

有效的沟通对于团队工作效能的提升至关重要。单位是一个团结合作的集体，它需要每个员工都能配合默契，进行善意的交流和有效的沟通，从而形成相得益彰、共同发展的局面。

良好的沟通能力是员工在工作中必须具备的。实际上，在现代社会中，不论是员工与领导之间，还是员工与员工之间，或者是员工与客户之间都需要进行有效沟通。每一名员工，都应积极地与他人进行沟通，更为重要的是，要经常同自己的领导和上级进行沟通，保证工作的落实。领导和上级是管理中的关键人物，如果你无论怎样努力，最后都无法使工作得以落实的话，那么，你在这个单位的发展就令人担忧了。

不善于沟通，是不会做好工作的。据统计，现代工作中的障碍50%以上都是由于沟通不到位而产生的。一个不善于与领导沟通的员工，是不可能做好工作的。现代的每一家企业，都可以说是人才辈出，高手云集，在这样的环境中，信守“沉默是金”者无异于慢性自杀，是不会有任何发展的。而正确的工作态度和工作效果，充其量也只能让你维持现状而已。所以，假如你想把工作落实到位，真正有所成就，就必须主动与领导沟通。

一位坦诚、善于交流和沟通的员工，总能在轻松和谐的氛围中让自己的领导和同事了解自己的所思所想。也正因为懂得如何交流和沟通，他才会更有效地了解领导的意图，在工作中更好地与同事进行相互间的协作。

沟通的重要性已毋庸置疑，沟通的信息是包罗万象的，在沟通中，人与人之间不仅可以传递消息，而且还能表达赞赏之情、不快之意，或提出自己的意见观点。但很多在职人员平时工作的团队沟通中，有时不仅达不到5×5的效果，甚至连5+5都做不到。这是因为团队的成员都喜欢以自己的工作方式完成自己分内的事，对与自己无关的工作漠不关心；还有一部分人，即使有对待沟通的良好态度，却没有掌握正确的沟通方法。如今，随着科技的迅猛发展，知识的日益膨胀，这种状况越来越显露出它的弊端。因此，在工作中，一定要注意走出沟通的误区，掌握沟通的技巧。

在工作中，在职人员普遍存在的沟通误区可以简单归纳为以下几个方面：

1.认为“沟通就是寻求统一”

在现代社会中，很多成员不能容忍另类思维，如果别人同自己的观点不一样，好像就是向自己挑衅。其实，沟通的目的并不是要证明谁是谁非，也不是一场你输我赢的游戏，它的目标是要促进成员之间的良性沟通，从而使工作有秩序、有效率的落实起来。

2.认为“只要具有沟通意识，主动进行沟通是水到渠成的事”

在工作中，许多员工是特别自信、能力非常强、居高临下的人，习惯于扮演教师、权威、家长的角色，喜欢别人依赖自己。与这样的人沟通就会产生压力，从而给沟通制造了无法逾越的障碍。实际上，即使最懂得沟通的人，也需要试图改进自己的沟通风格和技巧。

3.认为“沟通就是说服别人”

在团队沟通中有这种情形，某人掌握整个谈话，其他人只有做听众或服从的份。“沟通”一词来源于“分享”这个拉丁词汇。进行沟通时需要特别注意的就是，沟通必须是互相分享，必须是双向的，要跳出自我立场而进入他人的心境，目的是要了解他人，并不是要他人同意，避免坠入“和自己说话”的陷阱，这样的沟通才能有效。

4.认为“沟通不是太难的事，每天的工作不都在做沟通吗”

从表面上来看，沟通是一件非常简单的事，我们每天都在做，它像呼吸空气一样自然。但是，一件事情的自然存在，并不表示你已经将它做得很好。因为沟通是如此“平凡”，以至在工作中自然而然地忽略了它的复杂性，也不肯承认自己缺乏这项重要的基本能力了。

5.认为“沟通成功与否，最重要的在于技巧”

这种类型的员工过于迷信沟通技巧。在沟通中，非常重要的是要创造有利于交流的态度和动机，把心敞开，也就是常说的沟通从心开始。学习沟通之后也不能保证日后的人际关系就能畅通无阻，但是，有效的沟通可以使团队成员坦诚合作，有人情味地分享，以人为本位，以人为关怀，在工作中享受自由、和谐和平等的美好经验。

实际上，沟通的方式有很多种，有通过表情的，有书面的，最主要的还是通过语言。语言的清晰，语速的快慢，用词是否准确，说话的语气神态等无一不关系到沟通的效率。因此，沟通不是简单的表达和倾听，沟通不仅要做到完好的表达意思和情感，还需要做到能挖掘人们潜藏的意识并完美地回复那些引起共鸣的信息。

虽然沟通并不像想象中的那样简单，但也不是很难实现。沟通的最高指导原则是——没有不能沟通的事。当一个团队的所有成员，都具备了爱心、诚心与耐心，具备了百折不挠的沟通精神时，团队成员间才能利益共享、团结共荣，团队才能呈现最佳的发展状态。

七、正视工作中的良性冲突

如果只追求表面上的和谐一致，那么漠不关心和精神懈怠就会随处可见，这比冲突更可怕。在经济学领域有一个理论叫“鲶鱼效应”。鲶鱼效应是说：有很多的渔民远航去海上捕鱼，当他们回到码头时发现许多舱里的鱼都闷死了，独有一个鱼舱的鱼活蹦乱跳。原来这个舱里放着几条鲶鱼，鲶鱼不停地蹿动，搅的满舱的鱼都跟着上下腾跃，从而带来了空气和活力。在工作中是同样的道理：没有冲突，效率就会降低，从而严重影响工作的落实。

可见，良性冲突在对提高团队成员的积极性，调动团队成员对工作的热情等方面都有很好的促进作用。要想高效地工作就应该注意把握冲突的尺度，对冲突进行建设性的引导。

在团队建设的过程中要重视发挥建设性冲突的积极作用。必须反对盲目的服从，每一位员工都应有表达反对意见的自由和自信，并称此为建设性冲突的开放式辩论风格。既然已经认识到良性冲突的积极作用，那么，要想成为一名落实型的员工，应怎样运用一定的技巧，诱导、引发良性冲突呢？

1.学会沟通

良好的沟通是激发良性冲突的最好办法。作为管理者要带头参与沟通，直接引发良性冲突。

2.引入竞争

就是要在管理中有意识地加大竞争力度,制造“鲶鱼效应”。冲突的重要诱因就是竞争,一个没有内部竞争的企业要想诱发冲突,特别是良性冲突是不可能的。

3.变革团体

传统企业结构特别是直线职能制特别容易诱发破坏性冲突,于企业目标不利。所以必须进行团体变革,变传统的金字塔式的控制式团体为扁平化的网状团体。

4.鼓励冲突

对于冲突过程中出现的少数人的意见、观点,我们不能轻易地指责、嘲笑、批评、讽刺、挖苦,要以冷静的态度分析,对引起冲突的原因进行深入的思考和论证。还要为某些冲突方,提供必要的信息,让不同的观点交锋碰撞,迸发新的思想火花,引导良性的冲突深入开展。

第五章

怎么干——做事方法决定落实效果

“怎么干”就是要拿出抓工作的思路、办法、举措。“怎么干”是抓落实的关键环节，解决的是如何把要干的事落到实处。走什么路径、存在哪些问题、怎么解决问题、用什么办法，这些都需要我们解放思想、开动脑筋，真正搞清楚、弄明白。任何工作的落实，都是讲究方法的，我们不仅要有好的落实态度，而且还要掌握好落实方法，这样，才能保证工作落实到位。而且，一个善于寻找、解决问题，寻找方法的员工，才是最有价值的员工。

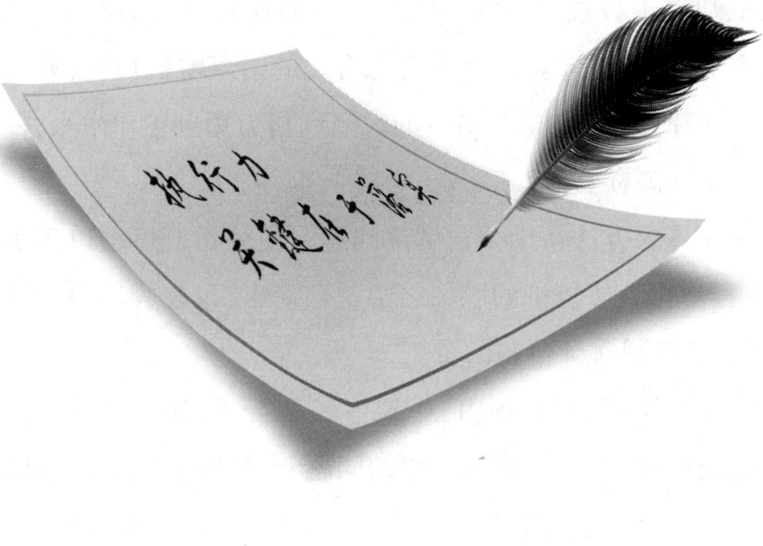

一、只找方法，不找借口

真正的落实，就是要做到不找任何借口，把工作做到位。著名方法学家吴甘霖先生曾经说过："凡事找借口的员工，一定是单位里最不受欢迎的员工。凡事找方法的员工，一定是单位里最受欢迎的金牌员工。"也就是说，一个遇到难题总是找借口推脱，而不是寻找办法解决的员工；一个不愿意承担责任，而是千方百计编造出种种借口推卸责任的员工，是不会受到企业欢迎的。

实际上，在工作之中，确实存在着很多这样的员工。他们一旦遇到难以落实的问题，总是想方设法找借口，寻找各种理由为自己开脱。殊不知，遇到问题为自己的失职找借口推脱是没有任何好处的。这不仅不利于问题的解决，而且还会使很多工作得不到落实。一位成功人士曾说过这样一段话："假如你有自己系鞋带的能力，你就有上天摘星星的机会！不要为自己的错误辩护！再美妙的借口也于事无补！不如把寻找借口的时间和精力用到工作中来，仔细琢磨下一步该怎样去做。"

主动寻求方法帮助公司解决问题，使公司制度得以落实的员工，最容易在人才济济的职场之中脱颖而出，也最容易得到他人的认可，成为值得领导信赖的员工。

实际上，在发展过程中，作为一名员工，假如能够掌握正确有效地处理问题的方法，将工作中的问题及时解决，使工作得以有效的落实,就如同找到一把开启成功之门的钥匙。

在领导的眼里,没有任何一件事情能够比一个员工能够帮助自己解决问题,更能代表他的责任感、主动性和独当一面的能力。一个经常为老板解决问题的员工,老板一定会特别青睐他。因为这样的员工不会让问题延误,酿成大患;更重要的是,他能让工作更快地落实。

在工作中,我们或许常常听到这样的借口,“他们没有与我商量”“这种事情我从来没做过”“我实在是太忙了,没有时间和精力”“假如不是下雨”“我不知道……”,等等。然而,假如我们对某一社会群体进行统计分析,或许你还会发现一个有趣的现象:凡是成功的人,都很少为自己的失误和失败找借口;恰恰相反,那些经常为自己的各种不成功寻找借口的人,往往终失碌碌无为。

作为一名员工,要完成领导交付的任务就必须强有力地进行落实。接受了任务就意味着做出了承诺,而完成不了自己的承诺是不应该寻找任何借口的。也可以这样说,没有任何借口是落实精神的一种表现,这是一种非常重要的思想,它体现了一个员工对自己的职责和使命的态度。思想影响态度,态度影响行动,一个不找任何借口的员工,肯定是一个落实力非常强的员工。

总而言之,落实工作不找借口,不仅对单位有益,对每一位员工也有非常重要的意义,因为这是一名员工取得成功的重要准则。

二、有次序地处理事情

同样的空间,放置东西时的先后顺序不同,结果就大相径庭;同样的时间,工作安排的顺序不同,结果也千差万别;同样的人生,如果你不先处理与目标密切相关的要事,你的空间就会被一些琐事或是次要事务挤满。对于一名员工而言,在工作中必须有次序地处理事情,做到有章法,不能眉毛胡子一把抓。

在工作中,更多的时候,我们每天都要面对着许多头绪纷繁的工作。假如我们不能科学地排定工作次序,不仅会影响到工作效率,同时还会影响工作的落实。同时,我们更应该认识到,工作虽然繁杂,但它们的分量是不同的,有轻有重,有缓有急。所以我们要根据实际情况,区分工作的轻重缓急,排定科学的工作次序,以便利用最佳的时间做最重要的事情。

作为一名员工,不论做什么工作,都要从全局的角度来进行规划,将事情分出轻重缓急,将大目标分成若干个小目标,这样工作取得的成效就会完全不一样。我们发现以下的办事次序是一个比较好的选择:

①重要且紧迫的事;

②重要但不紧迫的事;

③紧迫但不重要的事;

④不紧迫也不重要的事。

此外,对于一名员工而言,有精力、有智慧地做事的时间往往是有限的,因此,你必须把有限的时间用在最重要的事情上,也就是把要事放在第一位,按照人生的任务和责任,把各类事情按重要性排列,并按轻重缓急开始行动,而不要迷失在那些看似琐碎的、紧急的、次要的事情当中。因为只有这样,你才能高效利用时间,成功地落实工作。

三、高效利用时间保证落实

只有高效利用时间的人才能实现高效做事，只有高效地做事，才能确保工作的落实。工作效率低的人一般只有时间的观念，而没有时间效率的观念。要想使工作落实到位，我们不仅要考虑时间，还应该特别关注时间的使用效率，效率低是浪费了时间，而效率高就等于是延长了时间。高效利用时间，才能得到我们梦想的东西和财富。失败者总以为浪费几分钟无所谓，今天做不完的事明天可以再做，他们不会为浪费时间而痛惜不已。而成功者之所以能成功，就在于他绝不会浪费一分一秒，他总会以更快的速度力争在设定的时间之内把所有的事情做完。

数学家华罗庚曾说过："成功的人无一不是利用时间的能手！"在工作中，有的人一生都没有利用好时间；有的人只是利用好了青春；有的人只是利用了一生中的几年；而成功的人在尽量利用好每一天，所以他们能够确保工作落实到位。

那么，怎样才能更好地利用零碎的时间，把握好每一分钟的工作时间呢？节约时间是基本的运筹原则。用尽可能少的时间，办尽可能多的事情，从而极大地提高效率，保证落实。恩格斯指出，利用时间是一个极高级的规律。古今中外的杰出人才都想方设法把一般人认为不屑利用或难以利用的时间利用起来，并创造了许多从时间中去找时间的切实可行的方法。养成充分利用零碎时间去工作的习惯，可以从以下几方面去考虑：

1.不断检查时间的利用率

每天都要想一想：过去的一天完成了什么任务？花了多少时间？有没有浪费时间？时间利用率怎样？效果如何？怎么改进？不断调整工作计划，使时间利用率得到提高。

2.用顽强的毅力，排除来自外界的干扰

不少人承认，时间抓不紧或者被其他事情侵占，是由于自己缺乏毅力所造成的。所以，要想获得更多的时间，就要在克服困难，实现志向的过程中磨炼自己的毅力。

3.把所有的空闲时间都看作是有用的

研究一下上班路线，选择一条最短的路程，这样可以尽早到达单位，开始准备工作或者学习一些有用的技能；等车时，可以听段广播或者其他学习类节目，等等。

4.合理安排时间表

既然合理地利用时间可有效地增大工作效率，有助于成功，我们就应该在自己的日常工作中，制订一个可行的、适合自己的、简单明了的待办计划表，这样在很忙碌的状态中随意看几眼，就可对所记内容一目了然，明白马上需要做什么事，怎样更合理地安排时间、利用时间。

四、紧扣细节，要做就做到最好

严谨细致地对待工作的态度，是一个人减少工作失误、落实工作的根本保证。在20世纪，有人曾要求著名的建筑师密斯·凡·德罗用一句最概括的话来描述他成功的原因。他只说了六个字："魔鬼在细节中"。密斯·凡·德罗认为，不论你的建筑设计方案如何恢宏大气，如果你对细节的把握不到位的话，就不能称之为一件好的作品。他说："细节的准确、生动可以成就一件伟大的作品，细节的疏忽会毁坏一个宏伟的规划。"所以说，成功离不开细节的积淀。细节虽"细"，但集腋能成裘，积土能成山。"细"中见精神，"细"中见功力。同时，细节之中还蕴藏着机会。

细节可以让你获得成功，使工作保证落实到位。因为别人忽视的，你不仅看到了，而且做到了，这就是你的出众之处。细节是你的个人才能得以发挥的重要途径，也是最能看出你不同凡响的地方。如果你能把很小的细节都做得非常到位，你必定能一步一个脚印地走向成功。

或许有人会说，成大事者不拘小节。实际上，这些人的眼睛只看到一些重要的事情，觉得那些小事根本就没有意义。其实不然。试问，假如你连小事都做不好，你又何谈干成大事呢？要把眼光放得长远一些，眼高手低者最终将是一事无成。不要因总想着干成什么不平凡的大事业，而对很多细节都视而不见。

实际上,发生在一个人生活中、工作中林林总总的事情有时候很难分辨到底算大还是小。一个小小的细节也许就是决定你成败的关键。你留给别人的印象,你带给别人感动的事情,往往就存在于日常生活的一个个细节中。细节的处理方式体现了你的生活质量和生活态度。想要人生中的每一天都充满意义,就必须认真对待每一个细节。

那么,作为一名员工,应该怎样去做才能培养自己在工作中严谨细致的良好态度呢?

1.对自己一定要“苛刻”

做事严谨细致,必须要严格要求自己。每天准备好备忘录,做好工作计划,事无巨细一件一件地完成。对上级下达的工作任务,要身先士卒,争取每一件事情都做到位,不能敷衍了事。只有在一系列细节上对自己严格要求,才能在不知不觉中让一直困扰自己粗心大意的毛病逐渐销声匿迹,无影无踪。

2.做任何事情都要想得全面周到

在日常工作中,员工必须既着眼于理论的运用,又着眼于新的实践、新的发展;既要看到有没有必要,又要看到有没有可能;不但要了解历史、把握现实,还要看到长远,看到发展;既要想到可能产生的积极效果,又要想到可能产生的负面效应;还要不怕艰苦,不怕困难,进行深入细致的调查研究。

3.从对点滴小事的严格要求做起

一个人的态度是在生活和工作中逐渐形成的,正所谓“不积跬步,无以至千里”。每个人平时的一言一行都会形成习惯,好的职业素质和习惯并不是一天就能养成的,需要不断积累。

员工要培养严谨细致的做事态度,就要从身边的小事情做起。

第一,不因玩乐耽误工作。在休息日的最后一天,要做一个心理调整,想一想本周该做哪些工作,订一个周密的工作计划,以清醒的头脑去上班。第二,要严格遵守工作时间。遵守时间是最基本的工作态度,也是对自己最起码的要求。上班不要迟到,下班时不早退,以免给人留下不好的印象。第三,不因私事影响工作。例如,不因私事带亲人朋友来单位,不在工作时间接打私人电话,以免影响工作效率。

老子曾言:“天下难事,必成于易;天下大事,必作于细。”细节到位,成功才会有坚实的基础。细节做得好,才能见到一个人的真功夫。所以说,不论难易,细节都不容忽视。你忽视细节,工作落实不到位,成功也必将忽视你。

五、巧干远胜蛮干，落实要讲方法

如果你在工作中只拉车不看路，那么你很有可能力没少出，劲也没少费，但结果却事与愿违。在俄罗斯有这样一句谚语：“巧干能捕雄狮，蛮干难捉蟋蟀。”这句话道出了一个非常普遍的真理，即落实要讲究方法，巧干胜于蛮干。在民谚中，也有所谓“卤水点豆腐，一物降一物”的说法。可见，巧干抓住了事情的关键，并找到了有针对性地解决问题的方法。而且巧干既减少了劳动量，又可以达到事半功倍的效果。

在工作中，我们常常也会遇到类似的盲点，许多人仍旧认为，在工作量与成功之间存在着一种直接的联系，你所投入的人力、物力、财力和精力越多，你获得的成功就越多。

实际上，埋头做好领导交办的工作本是无可厚非的，但是要想迅速攀到职业“顶峰”，这是远远不够的。许多人为了在领导面前表现自己，常常加班加点地工作。这些人错误地认为唯有这样才能得到领导的赏识。实际上，工作效率与工作业绩才是最重要的，不能为做表面文章而假忙，也不能盲目地为忙而忙，结果却使工作得不到落实。

把工作做到最细致，需要10分的努力，但如果要把最细致的工作用最简单的方式呈现出来，则需要12分的聪明。

一个落实者除了卖力地工作，还会在行动前进行思考，即他们是主动思考，而非仅仅处于被动。因此，工作中不要只去做事情，而要经常坐下来想一想。假如你不能让出些时间去制订计划、认真思考、安排优先顺序，你的工作就会变得更加辛苦，同时你将不能享受到聪明的工作所带来的收益。记住：巧干远胜蛮干，落实要讲方法。

所以，工作之中我们应常常问自己："我只是在拼命地工作还是在聪明地工作？"要知道，不论何时，仅仅拼命是不够的，我们还需要聪明地工作，创造性地工作，甚至后者比前者更重要。

要想培养聪明巧干的能力，必须从思维方式着手。以下几种思维方式和能力的培养有助于我们找到工作的诀窍，提高工作效率，保证工作得以落实。

1.敬业精神

敬业精神要求我们以职业的态度来对待自己的工作，这样才可以专注于自己的工作，把工作当成一种乐趣，而不是一种负担。乐于工作，我们就会常常因此而在不断的积极思考中找到落实工作的关键。

2.站在对方的角度看问题

一个人在考虑解决问题的方案时，通常是站在自己职责范围的角度去思考问题，但真正懂得巧干的人却总会自觉地站在公司或老板的角度去思考解决问题的方案。

不论你是老板还是员工，解决问题的出发点首先应是怎样才能避免类似问题的重复出现，而不是"头疼医头，脚疼医脚"那样就事论事。站在对方的角度去考虑解决问题的方案，才能真正彻底地解决问题。

3.收集资料

收集与工作相关的各种信息资料,包括竞争对手的信息资料,这些都有利于我们在工作中迅速找到问题的关键。任何成熟的业务流程本身就是很多经验和教训的积累,当你需要的时候,能够信手拈来,能可以大大提高工作效率,保证工作的落实。

4.逆向思考

工作中一旦遇到问题，找不到解决的方法，不妨多做逆向思考。许多优秀员工都擅长用逆向思维拓宽眼界,探索解决问题的途径,迅速找出问题的症结所在。他们敢于想别人不敢想,往往能够化繁为简,达到出人意料的效果。

5.善于总结

巧干者对问题的分析、归纳和总结能力比一般人强。他们总能找出问题的规律性,并善于运用它,从而达到良好的效果。

总之,在工作中,每一位员工都应该培养出以上几种良好的思维习惯,遇到问题时多思考为什么,多思考怎样才能够找到问题的症结所在。而一旦我们找到了这个关键,看起来很难落实的事情就会变得轻而易举了。

六、落实工作，要经常为自己充电

在激烈的竞争中，能否确保工作落实下去，越来越依赖于知识的积累。员工的知识和经验是可以通过自己的勤奋努力来增加的，这就叫适者生存。在工作中，几乎每一个员工都是经过精挑细选，战胜无数的竞争者后才得到某一工作的机会，单位中的每一个人都是如此的优秀。一粒黄金放在沙子里很容易被人认出来，可是假如每个人都是黄金，如何才能在这样的环境里凸显自己呢？答案很简单，大家都站在同一高度，你要想使自己看得更远，唯一的途径就是垫高自己——也就是通过勤奋学习丰富自己的大脑。只有这样，你才能在情况发生变化的时候处变不惊，胜人一筹。

一个人如果善于学习与思考，他的前途会一片光明；而一个良好的团队，要求每一个组织成员都是那种迫切要求进步、努力学习新知识的人。一个人在顷刻之间不可能成就丰功伟业。只有持之以恒地去学习，每天进步一点点，养成勤于学习的好习惯，才能增长自己的知识，从而提升自己的判断、分析等各方面的能力，为落实打下坚实的基础。

那么，员工应如何养成勤奋学习的好习惯呢？

1.学习效果的自我检查

学习者本人应采用一定的方法，根据一定的标准，对自己想取得的和已经取得的学习效果之间的差异进行分析和评价，以找出经验和教训，这便是学习效果的自我检查。

自我检查学习效果在整个自学过程中具有非常重要的意义，通过自我检查，可以获得大量的反馈信息，从而调整和控制自己的学习，并得到成功的鼓励或失败的鞭策，把自己的学习行为导入一个更加有效的途径。

2.制订学习计划

古人云："凡事预则立，不预则废。"学习也是如此。有了计划，才能使学习有条理、有系统、有步骤，才能心中有数。我们的学习计划包括两个内容，即学习的时间和学习的内容。

(1)时间安排要有弹性

从长远的观点来看，要取得学习的成效，就得稳步前进，使每个计划都落到实处，所以在时间上留有余地是非常必要的。

(2)注意使用"黄金"时间

难度大的重点学科和需要记忆的知识，用自己精力充沛的"黄金"时间来学。切忌时间安排没有任何体系，想起什么就学什么。

(3)采取循序渐进的原则

知识的学习要由浅入深，切忌急于求成，好高骛远。要保证某门知识学习所需的全部时间。

(4)用好大部分时间

根据自己学习与生活的实际情况，使用好大块时间，把它用在最重要又需要连续学习的内容上。这样，能使每次学习都有较大的收益，尽量避免整时零用。

(5)以最重要的学习内容为中心

有些知识是非常重要的，或者说是带有战略意义的，应当把它视为重点，在学习计划中要有充分的体现，切忌眉毛胡子一把抓。

3.掌握有效学习的方法

掌握好的学习方法对学习效果的提高具有非常重要的意义，

通过科学的学习方法,可以获得大量的知识。好的学习方法应该是任何一个有志于成功的人必须掌握的。自古以来,人类积累了大量的学习经验,有一些被反复的实践检验证明为非常有效的学习方法,现择要介绍如下:

(1)联系法

自然界中的一切事物都不是孤立的,而是普遍联系的,正如自然界的食物链:兔吃草,而兔又被鹰或狼吃,狼又被虎吃,而鹰和虎死后,其尸体腐败变质,供草吸收其营养成分。在这几种动植物之间,就形成了一个食物链,它们构成了互相联系的一个整体。假如草绝,则兔就会亡,反之,假如兔多,则草就会被大量食用,当草被食用过多时,兔就不免缺少食物而亡。这告诉我们,自然界的万事万物是一个普遍联系的整体。

同样的道理,知识也是人类在长期改造自然的过程中发现的,所以,各种知识间也是相互联系的。当我们对某一事物缺乏认识和了解的时候,我们就可以从与其有联系的事物中来认识它。

(2)对比法

从猿进化成人以后,人类就在地球的各个地方生活,而这些地方的环境和人类的生活习性有很大差异,这些差异就导致了亚洲人与欧洲人的肤色、身材、毛发等方面的不同。但是,在生理学上,均用"人"这个概念来记之。而实际上,亚洲人与欧洲人是有着很大不同的。

在学习的过程中,当两个概念或事物的含义相似时,我们往往容易混淆,在这个时候,运用对比法就能够搞清楚二者之间的区别。也就是说,它们相同的地方我们暂时不讲,我们只比较它们之间不同的地方,这些不同的地方,就是某一事物的独特特征。理解了这些独特特征,也就抓住了这一事物的本质,从而也就能掌握这一事物的有关知识。

(3)复习法

人的大脑对知识的识记具有一定的规律，教育学家们曾用遗忘曲线来做了一个形象的说明，指出如果在你遗忘之前去复习并且巩固它，那它就能迅速恢复并牢固记忆。

(4)理解法

每个人都有对事物进行判断的能力，对某一事物或某一知识有认识，就会很容易地把它变成自己的知识，否则，就需要花很大的额外功夫。比如说“井底之蛙”这一成语，我们可以想象一只健康的青蛙坐在一口深井里，眼睛直瞪瞪地望着井口发呆，而井口外面，则是蓝天和白云，井底有水、青草、昆虫。虽然这只青蛙本身健康，不愁吃喝，然而它却呆呆的，为自己见不到外面的大好风景而发愁。这样一理解，“井底之蛙”的含义就十分清晰了。

(5)联想法

人类区别于动物的根本，就在于人有思维，有了思维，人在客观的自然和社会面前就不是无可奈何、无动于衷了，而是能够积极地促成条件来解决问题，而联想正是人类充分发展的一种象征。

在学习的时候，联想能使我们更好地掌握知识。历史课本中的数字枯燥无味，但是，有些事件是和这些数字紧紧相联系的。所以记数字就可以与这些历史事件联系起来，这样不仅避免了数字之间的相互干扰，同时也增加了学习的趣味性，起到了双重的效果。

(6)综合法

假如把已有的知识像计算机一样，统统分成某几个类别，同一类别存入某一区域，到需要时再“取”出来使用，效果会非常好，再把某几类的知识用来综合记忆分析，自然会得出更新的知识。

(7)兴趣法

“好知之不如乐知之”，就是说我们越喜欢某一事物就越喜欢接近和接纳它。兴趣是人们行动的一种动力。只要对某些知识产生了兴趣,就会拼命地去记忆、理解、消化这些知识,并会在这些知识的基础上推广、运用、总结与归纳,做到精益求精、推陈出新,从而推动整个社会向前发展。所以,我们在学习某一知识之前,首先要建立对它的兴趣,以达到掌握的目的。

(8)目标激励法

目标是一个人奋斗的方向和行为的准则。用目标来激励自己,不断地学习,应该是员工必备的一种学习方法。陈景润是我们熟知的数学家,当他第一次在他的老师那里听到"哥德巴赫猜想"时,就下定决心去攻克这个难题,并最终取得了举世瞩目的成就。

(9)动机法

动机,指的是人类的一种生理愿望,在动机的驱使下,人总会想尽一切办法为了实现这一愿望而努力奋斗,克服重重阻碍,最终达到目的。动机不同,产生的效果也会不同。好的动机有利于一个人自身的发展,坏的动机就会使事情向着某一不利因素发展。假如你想走向成功,就要有一个良好的思想动机,使得事物的发展出现良性循环,使你在良好的动机下去学习,从而成就一番事业,为社会贡献出一分力量。

此外,作为一名员工,你必须看到自身在知识上的不足和缺陷,并积极行动起来迎头赶上。员工吸取知识的有效途径,就是随时随地为自己充电,用新观念、新知识来充实自己的头脑,要学会怎样把知识变为能力,用知识丰富想象,不断推出新的方法、点子或者是谋略,善于灵活运用所掌握的知识去参与竞争,提高自己的工作效率,从而使工作更快地落实到位。

七、因循守旧就是坐以待毙

有着无限创意的人才能提出革新性的问题，业绩才会不断创新，工作才能落实。创意就是要有创新，要勇于打破常规。有着无限创意的人才能提出革新性的问题，业绩才会不断提高，工作才能有所突破。在一般情况下，人们总是习惯使用常规的思维模式，因为它不仅省时而且省力。但是，你是否看到它也有不利的一面，会起到束缚或妨碍的作用。它会让你陷入思维的条条框框中，难以进行新的思维探索和尝试。因此，我们要敢于打破常规，摆脱束缚思维的固有模式。

创新思维教给人的不仅是一种有的放矢的求解方法，更重要的是教人学习从“审美观点执行者”的角度考虑问题，比如我们的领导、我们的服务对象、我们身边的人。每位领导都喜欢能够创新的员工，因为创新能力和创造力是落实工作的永恒动力。

在实际工作中，员工培养创新精神时必须注意如下事项：

1.重视模糊思维

一般情况下，模糊思维方法可以排除看来似乎矛盾的各种可能性。模糊思维像一块自由的天地，在这里，新思想能够很快地发芽；同时，模糊思维有一种类推性和相似性，能够帮你迅速地解决问题。

2.突破专业知识的局限

随着社会的发展,专业分工越来越细,与此同时具有广博的知识、能利用综合性学术观点来解决问题的人也越来越少。虽然专业面越小越有利于研究深化,但随之而产生的另一个问题是由于视野狭窄而使创造力大受影响。深度和广度看上去是矛盾的,但在实际的工作中却是相互促进的。专业知识过于集中,就很难看到科学发展的广阔背景,也容易忽视一些有启发意义的重要情报,因而难以实现创造性的飞跃。因此,每一名员工都应扩展自己的知识面,突破专业知识的局限。

3.克服从众的心理

每个人都是社会的一员,难免会受他人影响,让某种形式来改变自己的个性。虽然说组织中的每个成员不一定都是同一种类型,但在同一家公司中的人通常会有一种"必须这样行动"的约束。当遇上一些自己也无法理解的做法时,人们通常会用"大家都这么干,我也只要照办就可以了"这样一种轻松的理由来说服自己,这就难免走进因循守旧的死胡同。

实际上,每个人都有各自的特点,对于同一件事,个人可以按自己的方式来处理,这比强求一律的方式要好得多。

4.否定"唯一正确"

法国哲学家埃米尔·可特依尔曾经说过:"仅有一种想法比任何事情都可怕。"

从进入学校的那一天起,老师就告诉我们每一问题都有一个相对应的正确答案。但是,许多重要的结论都是开放性的。比如,"失去了工作我该怎么办?"明显正确的方法应该是:"重新再找一个。"但是另一个也正确:"回到学校去,学习新的职业。"第三条则同样正确:“开创自己的事业。”

总之,创新是民族进步的灵魂,是国家兴旺发达的不竭动力。身处竞争激烈的时代,面对新的历史使命和发展机遇,每一名员工都要培养自己创新的意识,在工作中充分发挥自己的想象力和创造力,打破旧的思维及行为模式,走一条创新之路。这样,你才能确保工作的落实,使自己的事业蒸蒸日上。

八、认真第一，聪明第二

在职场中，只有认真工作才是真正的聪明，因为认真工作是落实工作的方法之一。在很多情况下，落实就是一种紧盯目标下的简单重复的过程。所以，落实讲的是“认真第一，聪明第二”。

不认真工作的人往往只知道为工资而工作，他们对自己的工作和事业缺乏长远的规划与见识。实际上，糊弄工作不但对老板无益，长此下去对自己的人生价值也是一种摧毁，同时还会促使自己事业的生命日渐枯萎，白白断送自己的前程。相反，那些踏实工作、认真做事的员工却往往能够从自己的工作中获得最大的益处和提升。更重要的是，他们可以保证工作的落实。

因此，不管你做什么工作，不管你面对的工作环境是松散还是严谨，你都应该认真工作，不要领导一转身就开始偷懒。只有在工作中锻炼自己的能力，使自己不断提高，保证工作的落实，才能得到领导的赏识。反之，如果凡事得过且过，从不认真工作，那你就会被领导毫不犹豫地淘汰掉。

然而，认真需要耐心。员工工作的耐心，就是指工作时不怕曲折，不怕麻烦，不怕反复；在工作上遇到了什么麻烦，都要耐下心来，不急不躁，心平气和地去处理。如果失去了耐心，也就谈不上有真正意义上的工作。

机遇总是垂青于那些有耐心的人，而常常与马虎的人无缘。在这样一个充满挑战和机遇的时代，机遇就像空气一样无处不在，只有认真才能准确抓住机遇，才能确保工作的落实。

第六章
何时干——提高效率是落实的保证

“什么时间干成”就是要有结果。明确每一项工作的时间表，划定重要的时间节点，明确每一阶段应达到的目标，严格按照时间进度要求部署推进、督导检查、定期通报、到期交账。“什么时间干成”的要义在于“干成”。检验是不是“干成”要靠实效来说话，而不能靠一份总结、一篇媒体的报道。真正意义上的“干成”需要客观的数据、科学的评估、前后的对比来印证，最终要经得起实践、人民和历史的检验。任何规划做得再好，设想得再独到完美，如果不付诸行动，抢占先机，是不会得到有效落实的。所以，每一位员工都应培养自己良好的执行力，提高工作效率促落实，从而为自己赢得更多的发展机会。

一、第一次就把事情做好

在工作中,第一次就把事情做好,是落实工作的第一步。所谓“第一次就把事情做好”,简单地讲,就是第一次就把事情做得符合要求。在落实过程中,最没有效率、最倒胃口的事情就是一件事情开始就没有做好,被推倒重来。工作中这样的事情比比皆是。每个人一生当中都会犯很多这样的错误,有的是不起眼的小错误,有的是伤筋动骨的大错误,不管错误大小,我们都要为之付出代价。

第一次就把事情做好,不是一个简单量化的工作标准,而是一个改变所有团队和个人有效的工作思路和方法。

第一次就把事情做好,是一个人做人做事的哲学,是一个人实现事业成功和人生幸福的第一法则。

第一次就把事情做好,是对员工的期待,它时时刻刻提醒每一位员工,要尽最大的可能,在接手每一件事情时,都抱着“一次就做好”的信念。

第一次就把事情做好,是对“质量”品质的严格要求,只有“第一次就做好”,才能尽可能减少废品,保证工作质量。

第一次就把事情做好,需要员工有扎实的职业技能基础,需要员工对“第一次”从事的工作有充分的准备。

第一次就把事情做好, 不仅可以有效地减少做错工作所带来的成本损失，还可以有效地避免时间的浪费，提高工作效率保证落实。

任何人都没办法改变自己给人的第一印象，因为你的第一印象永远留在人家的心里。有些人会说，我这一次没有表达好、没有表现好，我以后再来完善自己，那只是徒劳而已。第一次实在是太重要了，一旦第一次出现差错，就很难改变差错的现实，因为差错造成的影响和损失，需要付出双倍甚至更多的代价才有可能弥补。

要做到第一次就把事情做好，首先就要知道什么是“好”。在工作中，有很多人都遇到过越忙越乱的情况，解决了旧问题，又产生了新故障，在忙乱中造成的错误，轻则自己手忙脚乱地改错，浪费大量的时间和精力；重则返工检讨，给单位造成严重的损失。

第一次没把事情做对，忙着改错，改错时又很容易制造新的错误，恶性循环的死结越缠越紧。在“忙”得心力交瘁的时候，我们是否考虑过这种“忙”的必要性和有效性呢？

盲目的忙乱没有任何价值，必须终止。再忙，也要停下来思考一下，使巧劲解决问题，而不要盲目地拼体力。第一次就把事情做好，把该做的工作落实到位，这正是解决“忙症”的要诀。一些人总是忙着创造价值，而不是忙着制造错误或改正错误。在工作完工之前，想一想错误带给自己和公司的麻烦，想一想错误给公司造成的损失，你就应该能够理解“第一次就把事情做好”这句话的分量。

在行为准则的贯彻执行上，“第一次就把事情做好” 是一个应该引起足够重视的理念。如果这件事情是有意义的，具备把它做好的条件,为什么不现在就把它做好呢?只要把事情一步一步地做好了,就可以达到第一次就把整个事情做好的境界。

总之,要保证工作落实到位,就要用高要求和高标准来要求自己,在做事的过程中,争取第一次就把事情做好,不给自己留下再三纠错的后遗症。

二、落实工作要有目标和计划

提高工作效率保证落实，最基本的一条就是要有目标和计划。所有成功的落实者都有一个突出的特征——明确的目标。目标是对于所期望成就事业的决心。很多人都无法保证工作的落实，其根本原因就在于他们从来没有真正定下工作的目标。

没有目标就不可能成功。实际上，每一个大公司都是从小公司发展起来的，在公司的背后一般都有一个有理想、有热情的领导者，是这个领导者的心中怀有坚定的目标，才把团队带向了成功的彼岸。

工作也是一样，作为一名员工，我们也应该计划几年以后的事。目标一旦定下，它就会成为你努力的依据，也是对你的鞭策。如果一个人没有目标和计划，就只能在人生的旅途上徘徊，永远到不了任何地方。正如空气对于生命一样，目标和计划对于成功也有绝对的必要。假如没有空气，就没有人能够生存；假如没有目标和计划，更不会有落实。

那么，怎样才能制定合理的目标和计划呢？

1.促进任务完成的“5W1H法则”

“5WlH法则”即Who、Where、What、Why、When、How。这些法则，许多人应该都知道，但能熟练地支配并善加利用的人却非常少。在落实工作的过程中，运用这些法则，是非常有效的。下面叙述

“5WlH”的详细内容：

①Who(谁——人)。

②Where(什么地方——场所)。

③What(做什么——内容)。

④Why(为什么——理由,目的)。

⑤When(什么时间——时间,时期,期间)。

⑥How(怎么样——实行的办法)。

2.制定工作的目标

在工作中,最不能忽略的首要问题,就是怎样才能确立目标。假如工作中没有目标,就相当于马拉松赛跑没有终点线,提不起精神,没有干劲,也就无法提高工作效率,保证落实。

不管你工作的条件或内容怎样,在制定目标的时候,都必须遵守一些原则。这些原则就是计量性、具体性、期限性。在确立目标时,必须制订具体计划,也就是使用可以计量的数字予以表示。然后确定完成的具体期限。

在制定长期目标的过程中,事先应该考虑阶段性目标、最终目标和措施目标三项要素。阶段性目标,是每一个阶段要实现的短期规划;最终目标,即最终要达到的目的地;措施目标,则是为完成阶段性规划的具体措施方案。没有目标就不能保证工作落实到位。员工应该养成制定切实可行的目标,并力求速度快、高效率地付诸实施的良好习惯。所以,为了切实地完成工作,员工必须为确立目标、实现目标而努力不懈。如果能明确地将目标划分为长、中、短三阶段,那么实现目标就非常容易了。

3.制订工作的计划

一个人确定了目标以后,还要有计划,没有计划的落实,只会产生“浪费、忽高忽低、不合理”的涣散局面，消极的态度必定导致工作上的失误。计划是一门技术，如果能够按照计划进行落实，再艰巨的任务也能完成。做计划也要讲究方法，请牢记以下制订计划的五个方面：

(1)制订工作计划的具体安排

工作计划一经决定，应马上作出安排。尽量发挥主观能动性，开动脑筋，考虑采用哪种方法，才可以使计划变为实际的行动。

(2)力求工作计划的完善

工作计划是行动的指南，因此要经常修改。为了提高工作计划的品质，需时刻具备问题意识，发现问题，及时改进。

(3)掌握是否具备实现目标所必需的条件

人力、物力、时间、财力、信息是实现目标的必备条件。这些条件自然要受实际情况的限制。必须要事先搞清楚实际情况对上述条件限制到什么程度。

(4)确立目标

没有目标的计划是没有任何意义的。为什么要确立目标？最终要达到什么目的？弄清楚这两个问题，是制订计划应具备的起码的先决条件。

(5)实现目标的工作计划

在制订工作计划的时候，一个有效的方法是广泛征求领导、前辈及得意门生等人的意见与建议。

总之，工作任务的出色完成，离不开目标的确定和有效计划的实施，而且，我们还要把明确目标、制订有效行动计划作为一种习惯在日常工作中坚持下去。

三、今日事，今日毕

只有做到日事日毕，才不会让事情累积起来，才可以保证工作早日落实到位。清朝人文嘉有一首著名的《今日歌》，其内容是："今日复今日，今日何其少，今日又不为，此事何时了？人生百年几今日，今日不为真可惜，若言姑待明朝至，明朝又有明朝事。为君聊赋《今日诗》，努力请从今日始。"这首诗歌告诉人们：一定要珍惜今天，做到今日事，今日毕。

今日事，今日毕，是我们提高工作效率保证落实的重要途径与方法。"今日事，今日毕"要求每一位员工：今天的工作不要拖到明天去做，上午的工作不要拖到下午去做，白天的事情不要拖到晚上去做。

实际上，拖拉是把今天的担子放在明天的肩上，直到不堪重负，变成一个负不起责任的人。如果你想做一个高效的落实者，就绝对不能拖延，而要养成日事日毕的好习惯。"今日事，今日毕"是一种工作态度。历来凡集大成者，无一不是充分利用时间工作的。试想：一个满怀激情的人、一个"今日事，今日毕"的人与一个消极应付的人、一个做事"拖、推、疲"的人，哪一个能够做好工作呢？答案不言而喻。

假如在金钱上我们计较一分一厘的得失的话，那么在时间上，我们更应该计较一分一秒的得失。古今中外有成就的科学家，大都惜时如金,当天的事当天就做。

人的生命只有一次,而人生也不过是时间的累积。如果让今天的时光溜走,就等于毁掉人生的一页,所以,我们应珍惜今天的一分一秒,不让时光白白流逝。我们可能不会像爱迪生那样把自己一生的时间都放在工作上,但我们至少应该树立起“今天”的观念,充分重视“今天”的价值。

人的一生有三个阶段:一个是昨天,一个是今天,一个是明天。昨天发生的事情我们已不能改变,因为昨天发生的一切已经过去,我们也不可能改变明天,因为明天的瓜熟今天不能蒂落。因此,我们唯一能够改变的只有今天, 也就是你现在所拥有的正在享受的时间,这才是我们一生之中最重要的时刻。

此外,值得注意的是,“今日事,今日毕”,还需要分清工作的轻重缓急。人的精力毕竟有限,把每件事都当作“今日事”,恐怕永远也做不到“今日毕”,只有合理分配工作、合理利用时间的人,才能游刃有余地应对工作。

总之,我们必须养成珍惜时间的好习惯,做到“今日事,今日毕”。懒惰不仅会给我们的工作带来失败,更难以保证工作的落实。

四、服从要不折不扣

一个落实者，不管他多么有才华，但假如他不具备服从的品性，那么他最终会一事无成。作为一名员工，必须服从上级的安排，就如同每一个军人都必须服从上级的指挥一样。

同时，服从也是一个落实者最基本的素质。在工作中，大多数有才华的人，之所以最终一事无成，在很大程度上是因为他们缺乏服从的品性。没有员工的服从，任何一种先进的管理制度和理念都无法建立和推广；没有员工的服从，任何一个精明能干的领导都无法施展才能；没有员工的服从，企业任何绝佳的战略和设想都不可能被执行。

假如一个员工在工作中不服从领导的指示，是否能够把工作落实到位呢？当然不能。只有具有服从品质的人，才能够在接受命令之后，充分发挥自己的主观能动性，想方设法完成自己的任务；即使完成不了也能够勇于承担自己的责任，而不是找各种借口来推脱责任。所以说，如果一个员工连服从都做不到，是不可能具有强烈的责任感、纪律观念和自律意识的。

不管在什么时候，每一个员工都应该主动、积极地去完成领导交给你的任务。不要给自己任何的借口和推卸责任的理由，领导要的是结果，而不是你再三地解释原因。你或许会说："不是所有领导的指令都是正确的，领导也会犯错误。"当然，任何人都可能犯错误，但是，一个优秀的职员应该有服从意识，一个高效的落实者更要有良好的服从观念。假如下属不能无条件地服从领导的命令，这样的团队必将走向失败；反之，则能产生强大的执行能力，成为完美的落实者。

只有服从，才能把上级安排的工作落实到位。没有服从，就没有落实。做一个落实型的员工，服从是最基本的素质。在职场之中，员工做任何工作，服从都是第一位的。服从是每一名合格员工所必须具备的基本素质。在我们的工作中，很多满腹才华的人就是因为缺乏服从的品性，最终一事无成。服从的本质，就是无条件地遵从领导的指示。很多员工总是认为“对的就服从，不对的就不服从”，实际上这是一种错误的观念。

领导的地位与责任，决定了他有权任命和发布指令，同时团队的整体利益也不允许个人抗令而行。也许你的领导并不比你高明，但只要是你的领导，就必须服从他的命令，并且努力去发现那些优于你的地方，欣赏他、尊敬他、向他学习。假如非要在与领导的争吵中证明你是对的，领导是错的，结局只会损害团队利益，也将因此阻碍你个人的发展。其实，你的领导之所以会取得成功，必定有他的过人之处。因此，对于领导的命令，任何员工都应无条件服从，而不要我行我素。不找任何借口、服从并立即执行的员工才是最优秀的员工。

对于一名员工而言，要做到绝对服从，就需要做到暂时放弃个人的独立自由及既得利益，全心全意地遵从公司、领导、团体价值观念。一名员工只有服从团队与领导，才会对本公司的运作方式、价值观念等有更透彻的了解。

当然，工作上的服从也绝不是不动脑子地盲从，不是被动地听从,而是自动自发地服从,是主动地、自信地服从,是发自内心地相信自己能够圆满地完成任务,而不是受来自各方面压力后的服从。作为员工必须以团队的利益为重,放弃个人的主见,一心一意地服从团队的指令和价值理念,将“服从要不折不扣”的意识渗透到自己的实际工作当中。

总而言之,员工只有服从于团队和领导,才能确保工作正常落实,并可以于团队内部、团体之间营造出默契、融洽的工作氛围,从而使团队及个人都能得到良好的发展与提升。

五、立即行动，马上落实

任何想法，如果不付诸行动，就永远也不会落实到位。“立即执行”的做事风格是多数知名企业走向成功的秘诀。在一些单位里，确实存在很多对自己不愿意做的事情采取消极态度的员工，他们要么不去做，要么敷衍了事，要么拖拉、推诿。实际上，不管是哪一种情况都会给公司带来损失。其原因在于在工作中缺乏对立即行动、马上落实的重要性的理解。

对于自己的工作，不能立即执行、按时完成，总是拖拉延误，这是一种非常严重的恶习。在工作的执行过程中，很多员工都喜欢拖延，想着“明天再说吧，反正还有时间，等一会儿再做”，结果一拖再拖，最终不但耽误了工作的进展，而且对自己的发展也极为不利，因为没有任何一家公司会喜欢或重用一个对工作漫不经心、总是无法按时完成工作任务的员工。

实际上，在工作中每个人都会产生惰性，事情不急时都喜欢往后拖一拖。但是，这种“以后再做”的想法，往往会使计划落空，工作变得一片混乱，后悔、自责、烦躁的情绪也会随之而来，从而影响了在工作上的进步，还容易由于混乱而不能发挥应有的能力，自然也就无法保证工作落实到位。

那么，如果你想保证工作落实到位，不妨按照以下方法改变拖延的恶习：

1.制定一个可以完成的工作计划

制订的计划一定是你能够胜任的,时间也要放宽松些,而且要适合自己的作息习惯。做到这一点,可以让你有能力和信心坚持做成一件事,而且在事情成功后,还可以为你带来愉悦感和继续努力下去的动力。

2.做好自我监督或让他人帮助监督

当一天的工作结束时,做一下自我总结,检查一下自己的工作效率。同时,你可以把自己的计划告诉别人,让他来监督你,这样,在自尊心的驱使下可以对自己产生一定的压力,促使自己执行计划,以按时完成。

3.把握住现在的时间

富兰克林说:“把握今日等于拥有两倍的明日。”

歌德也曾说:“把握住现在的瞬间,从现在开始做起,只有有时间观念的人身上才会赋有天才、能力和魅力。”

作为一名落实型的员工,你应该经常抱着“必须把握今日去做完它,一点也不可懒惰”的想法去努力行动,绝不要使自己变成一个懒惰成性、怠慢工作的员工,否则绝不会有任何企业和领导会赏识你。

总而言之,“立即行动,马上落实”是一切成功的基础,没有什么比拖延更能使人懈怠、减弱工作能力,也没有什么比做事拖延对一个人事业上的成功更为有害。所以,每一位员工都应培养自己良好的执行力,保证工作的落实,从而为自己赢得更多的发展机会。

六、纪律保证执行力

在工作中，纪律是保证执行力的先决条件，也是落实工作的重要条件。在工作中，纪律是成功的保证，更是落实工作中不可或缺的一部分。服从纪律，是一个员工、一个团队和一个企业在复杂多变的竞争环境中生存、发展乃至成功的基础。而那些无视纪律，不愿意遵从企业政策规范，认为“随时可以辞职”的员工，都不利于企业的发展，个人的前程也必将被葬送。

一个具有强烈纪律观念的员工，一定会积极主动，忠诚敬业；同样，一个有纪律的团队，才能够团结协作、富有战斗力和进取心。可以说，纪律永远是企业不断发展的基础。对单位和员工来说，没有纪律，就没有了执行力。对于单位而言，一个落实者，必须了解和认同企业文化，必须重视礼仪和商业规范，在企业的指示下行动。那些不愿意遵从企业政策规范的任性员工，认为“随时可以辞职”的不稳定职员以及冷眼旁观者，都不利于企业的发展。只有纪律才能使你所有的努力、所有的爱国之心不致白费。没有纪律就没有英雄，你会毫无意义地死去。有了纪律，你们才真正地不可抵挡。

“国有国法，家有家规”，军队有军队的军规，公司也有公司的纪律，纪律为的就是给事业、给落实打下坚实的基础。正确认识纪律并且严格执行纪律，是取得事业成功的重要因素。

对于员工而言，虽然从学习规则、树立纪律意识、在要求下服从纪律，到自觉把纪律变成自己的习惯，需要一个较长的过程，需要克服自身许多不完善之处。但是，只有把遵守纪律变为自己的工作行为指导准则，养成无条件服从与执行的良好习惯，才能让自己怀有高度的责任心去完成工作。同时，在公司制度下工作，遵守纪律也是一种职业技巧。因为公司常常会通过“制度”把资源和荣誉给予员工，假如你与“制度”格格不入，那些资源和荣誉就会与你无关。

所以，员工必须着重培养自己的执行力，认识到组织制度有规范的重要性，遵守纪律，认同企业文化，以便在激烈的竞争中具备持久的战斗力，从而取得事业上的成功。

总而言之，在现代公司制度下，做一名仅有个性和能力的员工是不够的。企业需要的是严格遵守公司纪律的员工，而员工只有严格遵守纪律，方能确保执行力，保证工作落实到位。

七、当机立断稳抓机遇

命运其实就在你自己的手中。当机立断抓住机遇，也是落实工作中必不可少的一个环节。人们总是喜欢探听成功者的做事秘诀。实际上，所谓成功的秘诀非常简单：机遇面前，当机立断，这就是成功的秘诀。成就总是属于决策果断、雷厉风行的人，机遇不等人，犹豫不决、优柔寡断的人只能错失良机。

实际上，在落实工作上，仅靠踏踏实实地奋斗还是不够的，落实还需要机遇。机遇面前人人平等，没有一个人从来没有过机遇。但是，机遇也不是固定地分配给每个人，机遇是变动的，它只青睐敢于当机立断的人。这就是为什么有的人能够抓住机遇，摘取成功的桂冠；而有的人却只能与机遇擦肩而过，最终为错过机遇而抱憾终生。

也就是说，很多人不是缺乏机遇，而是在机遇来临之际无动于衷。与一般人不同的是，落实者总是能够接受每一次机遇的挑战，他们不仅拥有坚实的功底和知识储备，更有在看到机遇的时候当机立断的勇气。

为了工作的落实，为了事业的成功，一旦机遇到来，我们千万不要错过它，我们要能当机立断，抓住成功的机会。

八、不要等待万事俱备

作为一名落实者,必须牢牢把握的一点就是:不要等待万事俱备,立即去做你应该做的事。在工作中,有很多员工就是这种等待“奇迹”的人,他们希望得到高的工资报酬,希望得到领导的赏识,这当然是好的,但是,他们在实现这个期望的过程中,没有将希望变成实际行动,工作马马虎虎,敷衍了事,碰到问题总是尽量回避,或者希望别人来解决,甚至是隐瞒问题,以此来逃避责任。这样的员工能得到重用吗?当然不能。

世界上没有绝对完美的事,“万事俱备”只不过是“永远不可能做到”的代名词。以周密的思考来拖延自己的行动,甚至比一时的冲动更愚蠢。如果一件事情延迟下去,直到满足“万事俱备”这一先行条件,不但辛苦加倍,还会使灵感失去应有的乐趣。一个落实型的员工是不会等待万事俱备的时候再动手的。所以,杜绝拖延,不要等待万事俱备,可以给我们带来很多好处:能使我们赢得宝贵的时间,能使我们的事业获得发展,能使灵感实现它的现实价值。

立即行动,不要等待万事俱备是一名落实者应当秉持的工作理念,任何好的规划和蓝图都不能保证你成功,只有行动才不同。很多员工今天的成就,不是事先规划出来的,而是在行动中一步一步经过不断调整和实践出来的。因为任何规划的东西都是纸上的,与实际总有一定的距离,只有马上行动,计划才不会成为白日梦。

第七章

执着坚韧，才能落实到位

在我们的工作进程中，总有许多看起来难以跨越的鸿沟，普通人常常在困难中放弃。而对落实者来说，苦难的压力只会产生动力，他们不会轻言放弃，他们只会微笑着、执着地保证工作的落实。

一、不能轻言放弃

只有那些意志坚强，遇到困难绝不轻言放弃的人，才能把工作落实到位。

有一种失败，不是因为走的路太少，而是因为已经走了99步，却在第100步的时候放弃了，这是最为愚昧的放弃。其实，凡事没有简简单单就能获得成功的，如果总是过早地放弃一切，就等于放弃了一生的成功。

做事如果半途而废，那前面的所有辛苦就等于白费。只有经得起风吹雨打及种种考验的人，才是最后的落实者。所以，不到最后关头，绝不轻言放弃，要不断地努力下去。

职场竞争，就像是参加马拉松赛跑，最初参加竞赛的人可以说是成百上千，但是在跑出一段路程后，参赛的人便渐渐少了起来。原因是坚持不下去，逐渐自我淘汰了。到后面人越来越少，全程都跑完的人更是少之又少，奖牌实际上就是在这些坚持到最后的人当中产生。

马拉松式赛跑与其说是赛速度，不如说是比耐力，就是看谁可以坚持到最后。实际上，做任何工作都和比赛一样，能否保证工作的落实往往只是一步或半步之差，所以，起决定作用的只是最后那一瞬间。退出比赛的人永远不会获胜。

任何成功的取得都是需要积累的，有经验的积累，也有时间的积累,因此,我们不能轻言放弃,没有生活的点滴积累和打磨,就无法孕育出炫人夺目的珍珠。

通常情况下,任何新工作都有一段自己懂的比周围人少的困难阶段。刚开始每件事情都要挣扎,但是,在过了一段时间后,最初有压力的工作就会变得轻而易举了。所以,人们一生中的许多时间是在跨过乏味与喜悦、挣扎与成功的重要关卡之前就放弃了。

任何一个成功的落实都是经过艰苦卓绝的努力和冲破失败的阴影后才能够获得的。因此,在完成一件艰巨工作的时候,面对困难,一定不要轻言放弃。不放弃,就有一丝希望;不放弃,就能让人看见在风中游舞的春光;不放弃,就能面对追求过程中更多的磨难;不放弃,就有希望把握住每个今天;不放弃,就能感受到真实的存在。

总而言之,不管你从事什么行业,做什么事情,落实都需要时间来推进,这时耐心与坚持就显得尤为重要。在工作中,很多员工可以把工作落实到位,就因为他比别人多忍耐了一下;而有的人没有完成任务,就是因为他放弃了,没能坚持到最后。所以,假如你想在有限的生命中有所作为,就必须养成凡事有耐心、不急不躁的好性格,这样才能保证工作的落实,成功也必将指日可待。

二、只有执着才能落实

作为员工，想要落实工作，必须要执着于自己锁定的目标和结果。凡事就怕执着，执着可以以弱示强，执着可以以小搏大。没有执着，科学界就不可能有很多发明，没有执着，我们的工作就不能得以落实。要将用行动求结果，并执着于结果作为自己的工作理念，并坚决贯彻在自己的工作过程之中，通过积极行动、锲而不舍地追求结果，最终获得成功。

执着是坚守，在纷至沓来的诱惑面前，如锚碇般坚强稳定，稳住左顾右盼，游离不定的心；执着是对员工意志的考验，执着是"咬定青山不放松，任尔东南西北风"；执着是热情的投入，是一份深深的眷恋；执着也是给予和付出，是全副身心的追求；执着是忘情，是专注，是一心一意、全神贯注地追寻、探索，是锲而不舍孜孜不倦地探求。

所以，为了我们的事业，我们应该坚守执着，也许收获有迟有早，有大有小，但我们坚守执着的本身，就是人生的一大收获。执着是一场漫长的分期分批的投资，而落实是对这场投资的一次性回报。作为一个落实者，他绝不会在困难面前停止不前，因为执着于工作本身就是落实者的工作作风。

三、向高难度工作挑战

落实的员工都是不满足于现状，勇于向高难度工作挑战的员工。当今社会是一个高度竞争、充满机会与挑战的社会，受大环境的影响，公司的环境也总是处于困难和竞争之中。在这种残酷的环境中，每个公司必须时刻以增长为目标才能生存。要达到这个目标，员工必须与公司制订的长期计划保持步调一致，而真正能做到“一致”的，只有不断挑战自己争取进步的员工。

所以，对于管理者来说，他们所需要的落实员工必须具备敢于向高难度的、“不可能完成”的工作挑战的精神。一个人只要开通“脑力机器”去解决问题，就会出现奇迹。而要创造这种奇迹，关键在于改变发问方式：将否定式的疑问“怎么可能？”变为积极性的提问“怎样才能”。

在单位中，很多员工虽然有才华，具备种种获得领导赏识的能力，但是，他们缺乏挑战自我的勇气，只愿做职场中谨小慎微的“安全专家”，对异常困难的工作，不敢主动发起“进攻”，一躲再躲，以为这样就不会做错事，也不会受到领导的批评，更不会因为受到领导的表扬而引起他人的嫉妒和不满。其实，这样的员工在领导眼中是可有可无的，绝不会获得事业发展的机会。“职场勇士”与“职场懦夫”在领导心目中的地位有天壤之别，根本不可能并驾齐驱，相提并论。

实际上，在我们所生活的这个世界里，没有一成不变的事物，每个人随时随地可能都需要转换生存环境、生存角色、生活方式、生存意识。假如我们总是拘泥于一个位置，安于现状，止步不前，为了曾经取得的一点小小的成绩而沾沾自喜，不思进取，那么，我们就会失去力争上游不断进步的动力，就无法将自己的理想付诸切实的行动；同时，这种原地踏步的人生也是一种倒退的表现，会让自己成为井底之蛙，看不到更广阔的空间，也就得不到更长远的发展，最终将被淘汰。所以，每一名员工都应不断地提升自己，勇于更新自己的思维方式，转换自己的生存状态，调整自己的前进步伐。

人生就是一个圆圈，在这个圆圈里有固定的属于自己的舒适区。假如不走出这个舒适区，人生的圆圈就只会永远那么大；只有富有进取心，勇敢地跨出自己的舒适区，才能拓展自己的人生，也才能在单位得到长足的发展。

一个人的思想决定一个人的命运。不敢向高难度的工作挑战，是对自己的潜能画地为牢，只会使自己无限的潜能化为有限的成就。与此同时，无知的认识会使你的天赋减弱，因为你懦夫一样的所作所为，不配拥有这样的能力。

一个人最大的敌人不是别人，而是自己。一个人只有敢于面对生命中的每一次挑战，才能不断地成长。对每一名员工而言，假如总是不求上进，只是喜欢做一些简易的、不必费心思花力气的事情，或仅满足于一点既得的成绩，那么，能力与水平便会停留在一个层面上，永远得不到长远地发展。

其实在很多时候，不能把工作落实到位往往也是因为“高度”，这个高度常常暗示自己的潜意识：落实是不可能的，这个是没有办法做到的。“心理高度”是人无法落实的根本原因之一。我要不要跳？能不能跳过这个高度？我能不能落实？这一切问题都取决于自我暗示。所以,假如你能毫不畏惧地迎接挑战,告诉自己“我能行！”那么,你也会同那些落实者一样,为自己的勇敢而自豪。

在向高难度工作挑战时,员工要注意以下几个方面：

1.满怀信心

自信心可以帮助一个人树立一种正确的思维习惯，也只有自信心才能够激励一个人在艰难中不断攀登的精神和勇气。

2.永不放弃

一个优秀的上司,不会只看到你挑战高难度工作后的结果,如果他决定要器重你，会更看重你敢于挑战的工作态度和对头脑的运用。此外,你所经历的、所得到的,是那些始终胆怯观望的人永远都没有机会知道的——因为他们根本就不敢尝试。

3.不打无准备之仗

假如没有准备,便仓促上阵,很可能因为缺少支持而失败。

4.要有明确的目标

假如没有明确的目标,仅仅是盲目地采取行动,最终也必将是徒劳无功。

四、落实要真抓实干

任何一个激动人心的口号、理念和想法,如果不付诸实践并取得成效,都是妄谈。

工作靠抓,落实靠干。真抓实干,关键是在真和实上下功夫。真和实,是相对于虚和假而言的。真抓实干,就是真心真意地抓,实实在在地干,不走形式过场,不搞虚情假意,不尚空谈,专务实效。

衡量一个人是不是做到真抓实干,不能只看形式,关键要看结果,看实效,看领导满意的程度。当然,实干并不是“忙乱”,没有实效的“忙乱”,虽然看上去非常热闹,甚至也很“辛苦”,但与真抓实干格格不入。

爱迪生千尝百试发明灯泡;爱因斯坦独树一帜坚持相对论;达尔文潜心钻研出进化论;李时珍跋山涉水,访医问药完成《本草纲目》……但是,这些发明和成功所花费的时间和精力,都是他们所乐于花费的。这些事对于他们来说,是自己最爱做的事,也正因为如此,他们靠实实在在地做事取得了成功。

一个人即使天分很高,但如果他不艰苦操劳,真抓实干,不仅不会做出伟大的事业,就是平凡的成绩也不可能得到。试想一下,假如爱迪生不坚持一次次实验,又怎会成为发明大王?

爱迪生说:“有些人以为我之所以在许多事情上有成就,是因为我有什么‘天才’,这是不正确的。无论哪个头脑清楚的人,都能像我一样有成就，如果他肯拼命钻研。”

达尔文说：“我既没有突出的理解力，也没有过人的机智。只是在觉察那些稍纵即逝的事物并对其进行精细观察的能力上，我可能在普通人之上。”

革命先驱李大钊曾经也说过：“凡事都要脚踏实地去做，不驰于空想，不骛于虚声，而唯以求真的态度作踏实的工夫。以此态度求学，则真理可明，以此态度做事，则功业可就。”

一位老教授曾经有过这样的经历：

“在我多年来的教学生涯中，发现有很多在校时资质平凡的学生，他们的成绩大多在中等或中等偏下，没有特殊的天分，有的非常安分守己。而且，这些孩子走上社会参加工作，不爱出风头，默默地奉献。他们平凡无奇，毕业后各奔东西，老师同学都记不清他们的名字和长相。但是，在毕业后的几年或十几年中，他们却带着成功的事业回来看老师，而那些原本看来会有美好前程的孩子，却一事无成。后来，我常与朋友们一起琢磨，认为成功与在校成绩并没有什么必然的联系，但和实干的性格密切相关。平凡的人比较务实，比较能自律，因此，许多机会落在他们身上。如果平凡的人加上实干的特质，成功之门必定会向他大方地敞开。”

可见，真抓实干是成功成才的内在特质。特别是当今这个知识经济时代，更需要实干精神。实干可以立业，实干还可以兴邦。最重要的是，实干还可以保证员工工作的落实。但要记住：实干绝不是不动头脑的傻干，实干更不是不明目标的蛮干。

躺着想，不如起来行！只要一个人还停留在分析和规划阶段，就永远不会使目标得到落实。因此，仅仅停留在喊口号上，是绝对不行的，必须在落实上下功夫，落实才是成功的关键。

此外,我们还必须正确处理“喊口号”与“抓落实”之间的辩证关系,做到知行合一、言行一致。一些口号与宣传是有必要的,但是,我们不能仅仅只局限于喊口号、搞形式、做样子,重要的是保证工作的落实。要拿出更多的时间、精力与智慧,多思考、多研究,在落实上下真功夫、硬功夫、苦功夫,我们必须要牢记:那些只会说空话、喊口号的人,收获的必然是成功领导者的冷漠和反感。只有那些抓落实、办实事的员工,才会使工作得以落实,得到领导的赏识。

总之,如果说落实工作有捷径的话,那就是真抓实干。也就是说,在工作中,你要想提升自己,让工作落实,最重要的就是实干。假如你是一个缺乏勇气、忍耐力、决断力的人,那么,你就应该磨炼自己具备实干的能力,而且必须坚信,上帝赋予你唯一神奇的力量就是真抓实干。

五、铸就越挫越勇的坚强意志

在很多时候，是否能够保证工作落实到位，还要看一个人能否跨过磨难那道坎。

许多优秀的公司都是允许员工失败的，他们都认为“失败是正常现象”，甚至认为应该奖励“合理错误”。没有经历过失败的人和公司，很容易陷入自我陶醉、体制僵化，不乐意接受改变。许多创新和进步都是从错误中得来的。事实上，失败乃成功之母，没有失败就没有最终的落实。从这个意义上说，没有失败的员工也就没有落实的团队。

是苦难成就了天才，还是天才特别热爱苦难？这个问题一时难以说清。但是，弥尔顿、贝多芬和帕格尼尼被称为世界音乐史上的三大怪杰，居然一个成了盲人、一个成了聋人、一个成了哑巴！可见，铸就越挫越勇的坚强意志，苦难是最好的大学，只有不被其击倒的强者，才能成就自己。

纵观历史，多少出类拔萃之人用不幸做垫脚石，走出失败的深渊。他们面对失败时，从不惊慌失措，也没有彷徨不安，而是冷静地分析失败的根源，找出导致失败的因素，然后及时地改进和调整，一步步地扭转局面，反败为胜。所以，失败只是他们人生中的一个转折点而已。

在工作中，也是同样的道理，落实的关键也是看你能否经得起困难的磨炼。假如将每次困难都看成是不可逾越的高山，那么前一次的困难，就为下一次的困难埋下了种子。假如把困难当作锻炼自己的机会，那么每一次困难，就为将来的成功奠定了基石。

不能否认，在工作中确实存在这么一些人：他们永远不敢正视困难，对自己也没有任何信心，认为自己做这个不行，做那个也不行，是个彻头彻尾没用的家伙。他们根本无法振作精神，更谈不上与困难面对面地交战。脆弱的心理导致他们经不起一点点的挫折打击，即使问题出现转机，有了好机会，他们也会因沉浸在消极沮丧之中而难以察觉。而错过这个好机会，工作很可能就落实不了。可以想象得到，在一个公司中最先被解雇的可能就是这样的人。

要想检验一个员工的工作能力，最好是在他处于困境的时候。看一看是否经得起困难的磨炼，困难能否唤起他更多的勇气，能否使他发挥出更大的潜力。一个把困难看作垫脚石的员工，将会从困难中体会到快乐和幸福，而一个把困难看作绊脚石的人，只会从困难中体会到悲哀和失败。

困难是一个人提高工作能力和丰富工作经验的最好机会。从困难中，你可以学到通常情况下难以接触到的东西，让自己逐渐变得成熟而勇敢，对工作的处理更得心应手。假如学会了在困境中奋斗，顺境中的事情对你来说都将算不了什么，因为需要的技能和意志在困难中已经得到了磨炼和提高。

总之，要做一个落实者，就必须向那些能够战胜自己命运的人学习，培养自己顽强的意志，拥有坚韧不屈的性格，只有这样，才能得到老板的赏识，赢得事业的成功。

六、爱岗敬业，努力投入百分百

无论你现在处于何种位置，做何种工作，都必须要有一丝不苟的敬业精神和严谨的工作作风，尽自己最大的努力做好它，只有这样，你才是一个合格的落实者。

作为一名员工，假如能够在工作中富有敬业精神，为事业付出全身心的努力，抱着认真负责、一丝不苟的工作态度，做到善始善终。那么，不论你现在在哪家公司，做什么事情，都会把工作做到位的。

在工作中尽心尽责、忘我投入的工作精神能实现自己的人生价值。做任何一项工作，重要的不在于干什么，而在于怎么干。不论一个人从事什么职业，假如能在工作中怀着敬业的精神，全力以赴，追求卓越，就一定会取得事业上的成功。

相比之下，我们不禁要想起那些在工作中逃避责任、懒惰倦怠、投机取巧、寻找借口的员工，他们心中总是对工作、对单位、对公司充满了怨言："公司把我当作廉价的劳动力，在剥削我。"他们对待工作不仅缺乏一种神圣感、使命感，而且还缺乏对敬业精神真正意义的理解。

搜狐董事张朝阳曾经说过："我们公司聘人的标准是敬业精神，当然，辞退的原因和敬业有很大的关系。我认为，一个人的工作是他生存的基本权利，有没有权利在这个世界上生存，要看他能不能认真地对待工作。能力不是主要的，能力差一点，只要有敬业精神，能力会提高的。如果一个人本职工作做不好，找别的工作、做其他事情都没有可信度。如果认真做好一个工作，往往还有更好的、更大的工作等着你去，这就是良性发展。”所以说，一名懂得落实的员工必须能够正确地看待“敬业”。敬业，就是把握了自己的生存权。

那么，在工作中应该怎样才能具备“敬业”的工作精神呢？

1.业精于勤，竭尽全力

不论做什么事情，务必竭尽全力，因为它决定一个人日后事业上的成败。一个人一旦领悟了全力以赴地工作能消除工作辛劳这一秘诀，他就掌握了打开成功之门的钥匙了。能处处以主动尽职的态度工作，即使从事最平庸的职业也能赢取领导的赏识。

实际上，对工作竭尽全力的员工，是领导最倚重的员工，也是最容易把工作落实到位的员工。假如你的能力一般，全力以赴可以让你得到更好的发展；假如你非常优秀，全力以赴会将你带向更成功的领域。

2.养成敬业习惯

实际上，在工作中有很多值得我们把握的机会。但是，不要因此便认为社会上到处都有机会，而在自己目前所从事的岗位上漫不经心，也不要因为对自己所从事的工作不感兴趣，而采取混日子的态度对待自己的工作。应该努力培养自己的敬业精神，让它变成一个的良好习惯。当敬业精神成为自己的一个良好习惯之后，或许不能立即为自己带来可观的收入，但它可以为自己奠定一个坚实的基础，帮助自己保证工作上的落实。

在工作中，有许多人的能力并不突出，然而，一旦他们养成了敬业的习惯，他们身上的潜力便会被逐渐挖掘出来。这样，便会提高他的办事效率，保证工作的落实，使自己成为一名优秀的职员。

3.有始有终，落实到位

一个做事情无法善始善终的员工，是不会培养自己的坚韧个性的，他的意志无法坚定，无法保证工作落实。这种员工一面贪图玩乐，一面又想修道，自以为是可以左右逢源的人，但最终享乐与修道两头落空，还因此毁掉了自己的人生。

4.树立"热爱工作"的信念

由于经验、能力、经济条件等诸多因素的影响，目前，你或许正从事着一项并不如意的职业。这时候，树立一种"热爱工作"的信念就非常有必要了。因为当一个人有了这种信念之后，才会在工作和事业上永葆进取之心，脚踏实地的一步步向结果迈进。

总而言之，不管你现在处于何种位置，做何种工作，都必须要有一丝不苟的敬业精神和严谨的工作作风，尽自己最大的努力做好它，这样，你才是一个合格的落实者。

七、时刻进取，永不懈怠

对于任何一名员工来说，在工作中始终保持进取心，不断奋进拼搏，往往能够最大限度地开发自己的潜能，将工作落实到位。所谓的进取心，是指不满足现状，坚持不懈地向新的目标追求，蓬勃向上的心理状态。进取心是一种向上的力量，它是每一种生物体所具有的本能，存在于每个人的体内，推动每一个人不断完善自我，追求完美的人生。在现代社会中，一名优秀的落实者，通常都拥有强烈的进取心。

对于任何一名员工来说，在工作中始终保持进取心，不断奋进拼搏，往往能够最大限度地开发自己的潜能，将工作落实到位。

不断进取，奋发向上，是一个落实者的必备品质。在我们身边，尽管很多员工出身卑微，或饱受折磨，或身陷不幸，但是他们凭借进取心，勇敢地挑起了生活重担，充分地开发和利用了生命中被赋予的巨大潜能，从而把工作做得非常出色。

在现代社会中，有很多员工就像没有被磁化的指南针，习惯于原地不动，没有方向；习惯于依赖已有的经验，认为别人做不到的事情自己也不可能做到，于是变得安于现状；习惯于从事那些让自己感到安全的事情，习惯了按部就班的生活；习惯于表现自己所熟悉、所擅长的本领，不愿意去改变自己的生活及探索未知的领域。于是，他们自身的潜在能力在机械地操作中埋没，并随着年龄的增长、机体的变化而渐渐消失了。

任何一个平凡的人，只要发挥出足够的潜能，都可以成就一番惊天动地的伟业。爱因斯坦成功的“秘诀”，并不在于他的大脑内部比起其他人与众不同，用他自己的一句话总结就是——“在于超越平常人的进取精神以及为科学事业忘我牺牲的精神”。

作为员工，以下四个步骤可以帮助你落实工作，永葆进取心：

1.要有坚定不移的信念

只有这样才能不畏工作中的艰险，始终保持旺盛的斗志，确保创造性地完成工作任务。

2.要树立远大的目标

伟大的思想家和诗人歌德曾经说过：“人的一生中最重要的就是要树立远大的目标，并且以足够的才能和坚强的忍耐力来实现它。”狭隘的目标只能限制进取精神的开发，唯有鸿鹄之志才能激发我们强烈的进取心，在保证工作落实的同时，帮助单位的发展更上一层楼。

3.克服拖延、推诿的习惯

做到主动积极地对待自己的每一项工作任务。

4.要有对现状永不满足的精神

假如我们对自己的工作现状感到满足，就会停滞不前。只有“不满足”的激情，才会促使我们产生改变现状的“进取心”，才能激发我们在今后的工作中不断追求尽善尽美。

班·费德雯是世界销售史上的一位传奇人物。他在谈到自己所取得的令人难以相信的成功时说：“我的成功就在于对成功怀有强烈的企图心，对于销售工作我也怀有强烈的进取心；而那些对自己的生活方式与工作方式完全满意的人，已陷入常规。假如他们没有鞭策力，没有强烈企图成功的心，或使自己变成更好的人的愿望和进取心，那么他们便只能在原地踏步，而原地踏步就等于退步。”

一个人能力的提升，通常是在自己和自己的较量中得以实现的。假如不求上进地只是喜欢做一些简单的、不必费心思花力气的事情，或仅满足于一点既得的成绩，那么，能力与水平便会停留在一个层面上，永远得不到长远的发展。只有那些正视挑战、敢于挑战的人，才能突破现状，不断地向前迈进。超越自己比超越别人更困难，人都有盲点，尤其是看不清自己的缺点。所以，与自己赛跑是一个艰难的过程，而自我激励、不断进取，正是进行自我挑战的力量支持。积极地进行自我挑战，本身就是一种莫大的成功。只有懂得不断超越自己的人，才能引领自己的人生走向另一个高度。

在现代社会里，只有那些积极进取的员工，才能够突破自我极限，激发内在蕴藏的能力，最终把工作落实到位。落实工作所必需的持续、均衡的竞争力，也需要员工具有永不满足、努力进取的精神。

总之，对于一名员工来讲，拥有强烈的进取心，是落实工作、走向成功的必要条件。不论你正陷于“工作低潮”，还是沉浸在他人怀疑、否定的苦涩话语之中，你都不要怀疑自己的能力，积极的心态加上进取努力，你就一定能激发生命的潜能，创造出人生的奇迹。

第八章

结果导向，业绩考核是落实的有力证据

落实的关键在于行动，落实的效果在于结果。因此，落实不仅要付出行动，更要取得成果。任何一个伟大的想法除非能转换为具体的行动步骤，否则没有任何意义可言。

一、专业技能决定落实结果

要想使工作落实到位，就必须在自己的专业技能上有过硬的本领。

目前，随着社会的发展，各行各业的分工越来越细化。而分工越来越细，专业化程度越来越高，就使得每一个单位对那些拥有专业技能、掌握精湛技术的人才求贤若渴。而落实工作恰恰要的就是精业的员工。假如你现在能够从事某一方面的专业工作，那么最好的提升办法就是在这一方面深钻，直到达到别人无法达到的程度，那么你就能很快把工作落实到位。

一个人只要精通一件事，哪怕是一项微不足道的技艺，只要他做得比所有人都好，那么他就能获得丰厚的收获。假如他能集中精力，坚忍不拔，将这门微不足道的技艺练得十分精湛，他就能把任务完成得非常出色，并因此得到不菲的回报。

要知道，你之所以有收入，是因为你有某种能力。同样之所以你在别人的眼里是优秀的，也是因为你在某一方面被别人需求。一个人被其他人需求的程度决定了他所能取得成就的大小。世界上每一个人都需要他，那么这个人就是世界上最伟大、人最不可或缺的人。

在单位里，让自己变得不可或缺，也就是要使自己变成发展的“短缺元素”。不同的人有不同的生存方式，不同的员工有不同的能力,重要的不是你具备哪种能力,而是你的能力是否精湛。一个人从无知到有知不是一蹴而就的,它需要经过一个朦胧的过程,甚至像从黑夜进入白昼要经过拂晓一样。同样,技术也不是一蹴而就的,它也需要一段艰苦的学习过程。

总之,落实工作想要的就是专业技能优秀的员工。所以,员工要把提高“专业技能”作为自己工作的目标,注重结果,不断激励自己提高自身素质,在工作中追求尽善尽美。

二、结果是一切工作的要务

工作要的是结果，结果是一切工作的要务，任何规则和程序都必须服从和服务于结果。在工作中，许多员工仅仅强调“完成了工作任务”，而忽略了“工作最终的完成情况”。实际上，完成任务并不等于工作取得了理想的结果，任何规则和程序都必须服从和服务于结果，工作要的是结果，结果是一切工作的要务。

结果是保证团队的发展符合计划的要求，是员工在工作中才能呈现出的一种高绩效的状态。员工做得好不好看成果，是赏是罚也得看成果，而不看过程，总之是要以成败论英雄。企业不是慈善机构，企业要生存，要发展，这都离不开最后的结果，企业要在结果中得到利益，没有最终的利益，一切都是白费。

作为一名员工，在工作中一定要树立“结果是一切工作的要务”的工作理念，要想方设法去实现团队以及自己的目标，为团队创造效益；而不只是机械地完成工作任务，置工作成效于不顾。所以，当事情都做完了，你有一千、一万个理由都不重要，重要的是这件事情的结果。没有结果的努力，是无用功；没有结果，意味着我们将回到起点，一切都要从零开始。

总之，如果你要成为一个优秀的落实型人才，那么就要记住，落实永远都只有一个主题：落实最重要的是结果，而不仅仅是完成任务！

三、锁定责任，才能锁定结果

责任感强的员工通常能比他人更容易从工作中学到知识，积累更多的经验，锁定结果，落实工作。责任感来自一个人的内心，而强烈的责任感更是个人对于自己的高度要求，时刻保持清醒的头脑，看看自己的工作是否已经做好了，是否已经做得足够好，这就是强烈的责任感。只有这样的人才会出色地落实工作。

在工作中，有很多员工即使有责任意识，也比较淡薄，很可能会因自身长期的懒惰或外界的诱惑，而很快地放弃自己的原则和责任感。我们经常会听见："上班有什么意思，领导根本就不重用我。""过一天算一天吧，不至于丢掉饭碗就行了！"这就是责任感淡薄的表现。只有失去强烈责任感的人，才会埋怨找不到事做或怀才不遇，从而整天打发时间。

作为单位的一员，就应该具备强烈的责任感，以单位的发展为己任，即使领导没有交代，也应当积极主动地为单位出谋划策，做自己力所能及的事情，为单位消除隐患，这才是一名优秀而出色的落实者。一名员工只有具备了高度的责任感，才能将自己的学识和才能充分地发挥出来。

责任心是一个落实者最不能缺少的东西，忠实地在自己的岗位上尽职尽责，最普通的工作也能伟大起来。一个人要想有所作为，必须要有责任心，要实现自强自立的成功人生，健康的情感和独立的手段固然重要，但是如果缺乏责任心的确立，自强自立的人生目标还是无法实现。员工具有强烈的责任心表现在：

1.对工作负责

你手上的每一份工作，既服务于他人又是为自己而做。在服务别人的时候，你所得到的并不仅仅是工作的报酬，还有技术的锻炼，品质的提升与名誉的提高。工作中，当同事把难题推给你，当单位出现无人承担的责任时，千万不要推卸，因为这是你积累人力资本的大好机会。

生活总是会给每个人回报，无论是荣誉还是财富，条件是你必须转变自己的思想和认识，努力培养自己尽职尽责的工作精神。公司和员工并非对立，而是合伙人的关系。一个人对待工作的态度决定了这个人对待生命的态度。兢兢业业工作，服务于他人，使自己生命的存在有益于社会，让更多人因你而受益、因你而幸福，你的工作就具有了幸福的意义。

所以，不论是不是你的工作职责，只要关系到公司的利益，就应毫不犹豫地加以维护，主动承担。对一个想获得提升的员工而言，公司的任何一件事都是他的责任。

2.对团队负责

作为公司里的一名职员，必须从团队的角度出发，树立起自己对团队工作认真负责的信念。每一个公司都类似于一个大家庭，其中的每一位成员都仅仅是其中的一分子而已，只有每一个人都具备了团队工作的精神，才能对团队的工作认真负责，保证工作的落实。

因此，一个员工只有从团队的角度出发，考虑问题，才能落实工作，获得团队与个人的双赢结果。

3.对用户负责

用户只有对某家公司有十足的信任，才会与之进行合作。因此，负责与用户接触的员工，就必须对之尽责，以体现自己的职业道德水平。其中最重要的一点就是不在背后评论用户是非。不论哪个用户，是因为信任你，给你面子才光顾你的公司，绝不能让他们付了钱还得难堪。“顾客就是上帝”，这是从商者的信条。

员工的一切职业活动必须以人民的利益为出发点和归宿，把服务群众的工作岗位，作为实现自我价值和企业价值的舞台，踏踏实实地完成工作任务，并从中感受人生的乐趣，真正地实现人生价值。

当然，顾客不可能永远都是对的。当他们蛮不讲理的时候，正是你发挥专业才能的时候。假如与他们一般见识，给单位造成损失，只能说明你的水平太低，缺乏修养，不具备应有的职业道德。

假如你想落实工作，赢得一个完美的结果，最直接的办法莫过于积极寻求并抓牢实现公司利益的每一个机会，即使和你没有任何关系，你也要主动负责，认真做到最好。只有积极主动对自己的行为负责，对单位和领导负责，对单位的用户负责的员工，才是领导心目中最佳的落实型员工。

四、没有苦劳，只有功劳

任何单位的领导最看重的都是员工能给企业带来的实际效益；他们在乎的不是过程，也就对所谓的苦劳没有兴趣，他们在乎的只有结果。联想集团有一个著名的理念，就是："不重过程重结果，不重苦劳重功劳。"当今社会中，许多员工存在这样的想法。当领导交托的任务没有成功地完成的时候，就会产生"没有功劳也有苦劳"的观念，觉得领导应该谅解自己的难处，应该考虑自己的努力因素。

工作中，我们常常会听到这样一句话："我没有功劳也有苦劳。"特别是那些能力不够，而且对待工作没有尽力的员工，这句话常常被他们用来安慰自己，也常常成为抱怨的借口。他们认为，一项工作，只要做了，不管有没有结果，都应该算成绩。

实际上，没有功劳的苦劳不但消耗了自己的时间，还浪费了公共的资源！在工作中，不要告诉别人你有多辛苦，你有多努力，而要说自己做成了什么事。说得再简单点：不仅要做事，更要做成事。只有做成事才是关键。

俗话说："革命不分先后，功劳却有大小。"企业要生存，员工就必须能够解决问题、完成工作任务，而不是那些曾经做出过一定贡献，现在却跟不上企业发展步伐，自以为是不干活的老员工。在一个凭实力说话的年代，讲究能者上庸者下，任何一个领导都不会愿意拿钱去养一些无用的闲人。

这是一个凭成果说话的时代，在这个时代，以效率为先，凭业绩说话。员工不管多么辛苦忙碌，假如缺乏效率，没有业绩，那么一切辛苦都是白费，一切付出均没有价值。一切用成功说话，只有成功，员工的付出才能得到回报。

没有苦劳，只有功劳，体现的是一个企业追求效率，超越自我的决心。凭业绩和效益说话，才能在企业中形成良好的工作和人才环境，才能使企业不断前进，在市场竞争中站稳脚跟并日益壮大。

不论个人、企业、机关或其他组织，一切落实行动都是为了得到某种预期的实际结果。我们不能为了落实而落实，为了行动而行动，如果是这样，我们很多功夫都是白费的，我们也就陷入一种有劳无获、瞎忙活的怪圈。所以说，落实行动绝不是仅仅停留在表面上的作秀，而是要始终强调切实出成效，取得可衡量的积极结果。

请记住，组织最迫切追求的是结果，也就是员工的劳动结果，而不是所谓的苦劳！你的努力过程是没有价值的，只有努力的结果才有价值。简而言之，功劳是价值，苦劳却不是价值！

五、以结果为导向，无限接近完善

在工作中，如果能够做到以结果为导向，那么无论完成的过程多么艰难，最终落实的概率都会很大。作为一名员工，在工作中一定要树立“以结果为导向”的工作理念，要想方设法去保证工作落实，为公司创造效益。假如因为是客观的原因，那我们无能为力，但是绝对没有理由仅仅由于我们的悲观判断就放弃，那等于是自毁前程。

只要行动就要有结果，行动中不能给自己找借口。而且，不要盲目地追求完美，先要行动，用行动来落实结果，让结果尽量完美。不要犹豫，立即行动，速度制胜！行动就会有收获，行动就会有结果，快速的行动，更能保证得到想要的结果。“一瞄准，就开枪”，不要得瞄准后错过了射击的目标。

在工作中，很多员工仅仅强调“完成了工作任务”，而忽略了“工作最终的完成情况”。他们也在努力工作，早上唱着“早起的鸟儿有虫吃”去上班，晚上还自觉主动地加班，费了惊人的时间和精力来做工作，但是最终却出现了一些投入巨大但产出不大、意义不大乃至错误的事情。

如果以结果为导向，那么就不会出现这样的局面。因为有了预期的结果，工作起来就会目的明确，应变灵活，行动迅速。过程是为结果服务的，没有结果，过程自然就失去了意义。只有先考虑了结果的要求，才能做到以结果为导向，否则只能是一句空话。

所以，在现实工作中，结果永远是第一位的。要想成就自己，就要在工作中认真尽责，同时以结果为导向，时刻检查自己的工作结果，直到比预期还好。结果导向是每个人都需要的，结果导向强调的就是结果，一个员工工作做得好不好，就看他是不是遵循结果导向的要求。那么，我们究竟应该怎样去做呢？

1.站在结果的角度去思考问题

结果导向的核心强调的是站在结果的角度思考问题。只有先考虑了结果的要求，才能做到以结果为导向，否则就是一句空话。具体来说，"结果导向"有以下几层含义：

①以达成的目标为原则。

②以完成的结果为标准。

③在具体的结果面前，只有成功，或者失败！

④在结果导向面前，不要轻易放弃，因为放弃就意味着失败。

⑤在目标面前没有体谅和同情可言，所有的结果只有一个：是，或者否！

⑥在工作和目标面前，没有"人性"可言，所以遇到再大的困难也不能退缩。

2.要有一个结果性目标

结果导向的一大要素就是要有一个结果性目标。而且，最好可以把这个目标写成一个书面的承诺，写成一个结果。这种做法体现了员工对自身有比较严格的要求，就算不能在预定时间内完成目标，至少可以一目了然地看到差距。

3.动起来再说

作为一名员工，有时不能只求完美，很多事情就是赶鸭子上架，先让自己动起来再说。比如，让你负责一个组装的项目，假设某个地方还缺少某样东西，在这种情况下，语言描述哪里缺了什么东西是很难说明问题的，最好通过结果导向，直接来分配、组装，完整演示一遍。很多项目都采用实实在在地演示这一方式，实际上这也是结果导向的一种思维方式。

4.做事不要过于追求完美

实际上，工作本身不可能达到完美无缺的境地，正所谓没有最好，只有更好。在这种情况下，要是再去追求完美，就等于拖延了整个时间进度。对于公司来说，很多时候按时拿出结果，比拖延时间拿出一个更好的、所谓的完美结果更重要。当然，这并不是说我们不要完美，甚至排斥完美，这只是特殊情况下的特殊策略。

总之，落实应该以“追求结果”为导向，而不要把目光局限在“完成任务”上。因为完成任务不等于有结果；我们真正需要的是结果而不是行为；结果是目标，行为是手段。落实永远只有一个主题，要结果，而不要完成任务。

六、注重工作效率使结果最大化

在落实工作中,结果是最重要的,但为了使结果最大化,还需要员工通过高效工作来达成。在现代企业中,公司和老板更看重的是那些做事时能够注意工作方法、勤于思考、追求高效率的员工。这是因为,虽然勤奋敬业、埋头苦干确实可以取得一定的工作成果,但是很多员工的认真工作做得只是表面功夫,忙忙碌碌后却并没有取得多少成绩,不但浪费了自己的宝贵时间,还因低效率而阻碍了公司的发展。

在工作中,员工必须要懂得合理分配时间,专注在有效的工作上,了解哪些事情需要暂时放下来,哪些工作需要立刻做,哪些事情需要放弃。这样才是现代员工高效、易于取得成果并让成果最大化的工作方式。

在工作中,一个落实型的员工,一定会先确认哪件事是自己必须专注地投身其中的。当他们认清了什么事和怎么对待它才是最有效的之后,才会尽自己的所能,努力去完成有益并且有效的工作,以使结果达到最大化。这也正是他们能成为团队中不可缺少的优秀员工的重要原因。所以,作为员工,必须善于动脑思考,积极寻找方法,提高自己的工作效率,从而获得领导的信任,放心将更重要的工作交给自己。

因此,我们做任何事情都要讲究效率和效益,那些只知道苦干、瞎忙的人，只能遭到社会的淘汰。那么，员工在工作中应如何提高自己的工作效率呢？下面的技巧可供参考：

1.全力以赴

能够全力以赴地对待工作，那么，任何困难都会迎刃而解。因此，善用时间者在任何时候都有着全力以赴、投入工作的好习惯。所以，如果你决定几点钟之前做什么，就要在这个时间到来之前毫不松懈地干到最后；假如你五点半下班，那么在表的指针完全指向五点半以前对工作要全力以赴，五点半以后再做回家的准备，才是正确的姿态。假如没有完全实行这个做法，就不能说你比他人更有效地利用了时间。

2.工作中避免受人打扰

在工作状态下，假如经常被人打断，很可能会因此失去许多思路，或者使工作出现失误，造成损失。所以，我们不要总是让自己的门"敞开"着，更应提倡让门"半掩"，向打扰自己工作的人说明原因，请他们在你不忙的时候再来拜访。这样可以减少不速之客的来访，更好地保证自己的工作时间和工作质量。

3.采取快捷的工作方式

在工作中，完成同样的工作，高效工作者总是善于动脑子寻找快捷的方法，能比别人更迅速、高效地完成任务。

比如，你要通知各个部门召开一个会议，一个人一个人地打电话通知、写信告知和发传真相比较，写信这种传达消息的方式最慢，打电话和发传真同样快；但假如你要通知的人不在办公室，你还需要再联系，可能找来找去都找不到，这还是没有达到快捷的目的；但是如果是发传真，不论受话人在不在办公室，他回来时都会看到，这样可以节省再次打电话找受话人所浪费的时间。

4.给自己规定一个期限

在规定的时间点内完成工作，是保证工作高效的有效方式。在工作中，很多人总是意志不坚定，允许自己找借口拖延怠慢工作。要知道做任何事情都要有时间观念，讲求效率，否则只会因自己时间观念不强而误事。

追求高效率，是对现代员工的基本要求，所以我们必须掌握以上的方法。在激烈的市场竞争环境中，任何一名员工，只有高速运作，抢占先机，才不会落于人后。也因此，那些能够在工作中善于思考，提高效率、节约成本、落实到位的员工，永远都是最受欢迎的人。

七、结果第一，用业绩说话

落实的员工都懂得用行动和业绩来证明自己的能力，而不仅仅是嘴上夸夸其谈。在工作中，对于领导交代的任务，光说不做只能得到一个“夸夸其淡”的名声，而这对于个人的发展是没有任何好处的。

业绩是一个企业的生存之本，每一个企业都将注重业绩作为自己企业文化的重要组成部分，并把业绩观当作员工的重要素质。任何一个企业运营的最主要目的，都是获得赢利，使企业的发展越做越大。这是企业存在的根本。

对于员工来说，你的工作业绩最能证明你的工作能力，显示你过人的魄力，体现你的个人价值。所以，要想成为受到公司欢迎的落实型员工，就必须用自己的成绩去证明自己的能力和价值，必须对企业的发展有贡献，这样你才会得到企业的重用，赢得上司的赏识。同时，业绩的高低也直接决定了员工的实际效益。

工作不是说出来的，而是做出来的。用行动来证明，用业绩说话，就没有人可以质疑你，更没有企业可以淘汰你，你就是最受公司欢迎的落实型人才。因此，我们应该以业绩为导向，专注行动过程，致力于提高自己的判断力和行动力。

既能跟团队同舟共济，又业绩斐然的员工，是最令领导倾心的员工。假如你有出色的业绩，你就会变成一位不可取代的重要人物;假如你总无业绩可言,领导想重用你也会犹豫,因为他不放心你。

在这个以业绩为主要竞争力的时代, 没有能力改善公司的业绩,或者不能出色地完成本职工作的员工,是没有资格要求企业给予回馈的, 最终也将因自己的业绩平平而面临被淘汰的危险。因此,对于员工来说,工作必须以业绩为导向。

业绩是优秀员工的显著标志,没有业绩,再聪明的员工也会被淘汰。但是,出色的业绩绝不是口头上说说就能得到的。要吃樱桃先栽树,要想收获先付出。出色的业绩需要人们在工作的每一个阶段,找出更有效率的方法;在工作的每一个层面,找到提升自己工作业绩的中心环节。

具体来说,以下是提高业绩的几种简单方法:

1.以人缘来促进工作

在一家企业里,你是否能够提升业绩,除了自己的工作能力之外,与自己的人缘也有着很大的关系。这是一个交际的社会,办事能力同人缘有很大的关系。人缘好的人,在社会上的形象就好,人们对他的评价也高,找人办事也容易得到同情、支持、理解、信任和帮助。所以,在你的提升业绩计划中,一定要考虑到你的人缘因素,根据人缘的好坏程度决定自己实现哪一个目标。

2.成为“干得不错”的员工

所谓“干得不错”,在这里并不仅仅指卖力,它同时还包含着对其达到预期业绩的能力的肯定。在现代社会里,仅有工作热忱、踏实还远远不够,还必须要有完成工作、达到预期目标的能力。

的确,“他没有其他的特长, 不过很老实”,“那个人很老实,你就用他吧”,诸如此类的推荐语,如今已很难再让人接受。福泽曾说过:“同情、支持、诚实并不是技能。”假如认为一个人诚实就可以看守保险柜,那是大错特错的想法。有一种观点认为,让一个小偷看保险柜是最理想的安排。

3.在指定时间内完成工作

有这样一句话:“向效率要时间”,也就是说。较高的工作效率可以争取到较多的时间;相反,浪费或者不善于安排时间,会出现工作效率低下的现象。可见,时间与效率是相辅相成的。所以,你要在工作中提高自己的效率,在指定的时间内完成工作。

附 录

关键在于落实

胡锦涛同志在党的十七届五中全会上强调，全党同志特别是各级领导干部要发扬真抓实干精神,改进工作作风,建立健全抓工作、抓落实的责任制,切实把各项工作抓出成效。各级领导干部要认真贯彻胡锦涛同志关于狠抓落实的要求,进一步做好领导工作。

一、充分认识抓落实在党的领导工作中的重要意义

抓落实,从各级党委、政府和领导干部工作方面讲,就是抓党和国家各项方针政策、工作部署和措施要求的落实。落实到哪里去?就是落实到实践中去,落实到基层中去,落实到群众中去,使之成为广大党员、干部、群众的自觉行动,以确保党和国家确定的目标任务顺利实现。

我们党坚持以马克思主义为指导,善于把远大目标、奋斗纲领同脚踏实地、埋头苦干紧密结合起来。我们党建立已90年、新中国成立已60多年,在革命、建设、改革各个历史时期党和人民的事业之所以能够不断取得伟大的成就，在全国各族人民中我们党之所以能够享有崇高的威望，靠的就是把马克思主义基本原理同中国具体实际结合起来形成的正确的理论和路线方针政策，靠的就是全党同志团结带领人民群众一步一个脚印地把党的路线方针政策

变成认识世界和改造世界的巨大精神力量与物质力量。我们的所有成就,都是干出来的。这里的关键,就是始终注重抓落实。如果落实工作抓得不好,再好的方针、政策、措施也会落空,再伟大的目标任务也实现不了。因此,抓落实是领导工作中一个极为重要的环节,是党的思想路线和群众路线的根本要求,也是衡量党员领导干部世界观正确与否和党性强不强的一个重要标志。

"空谈误国,实干兴邦"。这是千百年来人们从历史经验教训中总结出来的治国理政的一个重要结论。古人曰:"道虽迩,不行不至;事虽小,不为不成","为政贵在行","以实则治,以文则不治"。历史上有许多空谈误国的教训,比如战国时期的赵括,只会"纸上谈兵",以致40万赵军全军覆没,赵国从此一蹶不振直至灭亡。此类误国之鉴,发人深省。

反对空谈、强调实干、注重落实,是我们党的一个优良传统。对于抓落实的极端重要性,我们党和党的主要领导同志先后都有过很多精辟的阐述。毛泽东同志要求共产党员一定要有"认真实干"的精神,强调"一件事不做则已,做则必做到底,做到最后胜利","什么东西只有抓得很紧,毫不放松,才能抓住。抓而不紧,等于不抓"。邓小平同志强调"少说空话、多干实事",凡事都"要落在实处","开会、讲话都要解决问题"。江泽民同志强调"落实,落实,再落实,因为这是做好一切工作的关键环节","不要在层层表态、层层开会、层层造声势上做文章,而要在层层抓落实、层层抓解决问题上下功夫"。胡锦涛同志强调"要坚持发扬共产党人的革命精神和坚持科学求实态度的统一,脚踏实地,埋头苦干,坚决反对形式主义和官僚主义"。这些论述,把抓落实的重要意义和基本要求讲得很清楚很深刻,我们在领导工作中要始终遵循和认真贯彻。

抓落实，是我们党执政能力的重要展现，也是对各级领导干部工作能力的重要检验。当前，我国处于发展的重要战略机遇期，但社会矛盾也日益凸显，前进中遇到不少需要克服的困难和风险。只有攻坚克难，乘势而上，我们才能抓住和用好机遇，赢得未来发展的主动权；如果自满懈怠，心浮气躁，就不可能开创改革和发展的新局面，已经取得的成果也有可能丧失。党的十七届五中全会审议通过了关于制定国民经济和社会发展第十二个五年规划的建议，十一届全国人大四次会议将审议批准“十二五”规划纲要，中央部门和地方相继出台了一系列推进改革发展的具体思路、政策和措施。现在的关键就在于落实。

近年来，从中央到地方都加大了抓落实的工作力度，并已取得明显成效。特别是中央对重大决策、重大部署、重大举措，采取任务分解、明确责任、加强督查等措施，保证和促进了改革发展稳定各项任务的落实。但是也要看到，在有些地方、部门和单位，中央的一些方针政策和重大部署，口头上讲了、文件上也写了，而贯彻落实得却不好；一些中央三令五申、明令禁止的事情，依然我行我素、屡禁不止。不重视抓落实、不善于抓落实的问题仍然存在。认真贯彻胡锦涛同志关于狠抓落实的要求，切实解决好领导工作中存在的抓落实不够有力、不够有效的问题，对于推动“十二五”时期经济社会发展目标任务的实现，对于巩固党的执政地位、确保国家长治久安，具有十分重要的意义。

二、抓落实必须牢固树立党的宗旨意识和正确政绩观

抓落实，是把决策变为人们的实践行动、由认识世界到改造世界的过程，无疑需要克服主观和客观上的诸多障碍，需要付出艰辛的努力。只有深入贯彻落实科学发展观，牢固树立党的宗旨意识和正确政绩观，抓落实才能始终坚持正确的方向，才能始终弘扬脚踏实地、埋头苦干的精神，也才能使各项落实工作保持不竭的动力。

全心全意为人民服务是党的根本宗旨，党的各项工作都必须坚持以最广大人民的根本利益为出发点和落脚点。从这个意义上讲，是否抓落实直接反映着领导干部的宗旨意识和党性。各级领导干部不论职务高低，不论在什么岗位工作，都要身体力行党的宗旨，把以人为本、执政为民贯穿到各项工作的落实中去，努力为群众办实事办好事，切实做到权为民所用、情为民所系、利为民所谋。把握住这一点，就把握住了抓落实的根本，就能把全部心思和精力用到抓落实上。在其位，谋其政。我们党是为人民执政的，每个领导干部都要有执政为民的高度使命感和责任感。抓落实，也是对各级领导干部这种使命感和责任感的重要检验。现在有的领导干部工作不求进取，满足现状，只求过得去，不求过得硬，这样的精神状态怎么能抓好落实呢？每个领导干部都要懂得，党和人民把为人民服务的重担放在我们肩上，这是一种多大的信任和责任。要把这种信任和责任看得比泰山还重，始终以饱满的热情投身工作，永葆蓬勃朝气、昂扬锐气和浩然正气，自觉地盯着榜样找差距，对照先进学经验，努力争创一流业绩，不断开创各项工作新局面，真正做到“为官一任、造福一方”。

在抓落实过程中，不同的政绩观会有不同的抓法、不同的结果。什么叫政绩？顾名思义，就是为政之绩，即为政的成绩、功绩、实绩。我们做事情、干工作，如果做到了上有利于国家、下有利于人民；既符合国家和人民眼前利益的要求，又符合国家和人民长远利益的要求；既能促进经济社会发展，又能促进国家富强和人民幸福，那就做出了党和人民所需要的真正的政绩。一些领导干部落实工作抓得不好，很重要的是政绩观出了问题，个人主义思想在作祟。各级领导干部要牢固树立正确政绩观，把抓落实的出发点放到为党尽责、为民造福上，而不是树立自身形象、为自己升迁铺路；把抓落实的落脚点放到办实事、求实效上，而不是追求表面政绩，搞华而不实、劳民伤财的“形象工程”；把抓落实的重点放到立足现实、着眼长远、打好基础上，而不是盲目攀比、竭泽而渔。

领导干部在抓落实过程中，还要有“功成不必在我任期”的理念和境界，注意防止和纠正各种急功近利的行为，不贪一时之功、不图一时之名，多干打基础、利长远的事。说到这里，我想起了山西右玉县植树造林、改造山河的感人事迹。右玉地处毛乌素沙漠的天然风口地带，是一片风沙成患、山川贫瘠的不毛之地。解放之初，第一任县委书记带领全县人民开始治沙造林。60多年来，一张蓝图、一个目标，18任县委书记和县委、县政府一班人，一任接着一任、一届接着一届，率领全县干部群众坚持不懈，用心血和汗水绿化了沙丘和荒山，现在树木成荫、生态良好，年降雨量较之解放初期已显著增加。老百姓记着他们、感激他们，自发地为他们立碑纪念。正可谓“金杯银杯不如老百姓的口碑”。右玉的可贵之处，就在于始终发扬自力更生、艰苦创业、功在长远的实干精神，在于始终坚持为人民谋利益的政绩观。我们抓任何工作的落实，都应该这样去做。

三、抓落实必须具有知难而进、锲而不舍的奋斗精神

抓落实的过程，必然会遇到许多矛盾和问题，只有努力解决好各种矛盾和问题，才能把落实工作真正抓好、抓出成效。矛盾和问题是普遍存在的，问题也是矛盾。没有矛盾，就没有世界、没有发展。因此，我们在各项工作包括抓落实工作中，不要怕遇到矛盾和问题，而要敢于正视矛盾和问题。不要绕开矛盾和问题走，而要同群众一道千方百计地去求得矛盾和问题的及时正确解决。这是各级领导干部在抓落实及其全部工作中应该具有的根本态度。

当前,我们在改革和发展中遇到很多这样那样的矛盾和问题,有的还比较突出。比如,经济发展方式粗放、资源约束加剧、环境压力增大、自主创新能力不强、保障和改善民生任务繁重等矛盾和问题,正在日益显现出来。又比如,在对外开放中涉及的贸易摩擦、贸易保护主义、技术封锁问题,以及涉及国家主权、安全和长远发展的种种矛盾和斗争,也越来越多。再比如,随着世情、国情、党情的发展变化,对党员队伍教育和管理的难度增大,保持党的先进性面临许多新情况新问题。所有这些矛盾和问题,都要求各级领导干部以对党、对人民高度负责的精神,迎难而上,敢于面对并认真探索解决之策。如果眼中只有成绩和经验,看不到问题和困难;如果回避矛盾,遇到困难绕道走,见到难题就躲避;如果报喜不报忧,有了矛盾推责任,出了问题捂着拖着,那么抓落实就有落空的危险。有些地方、部门和单位积累的问题长期得不到解决,有多种原因,但很大程度上与这些地方、部门和单位领导班子和领导干部遇到矛盾畏难情绪占上风、解决问题不得力有直接关系。抓落实,还要求领导干部增强预见性,及时发现并尽早解决矛盾和问题,努力使简单矛盾不演化成复杂矛盾,小问题不延误成大问题。领导干部要多到矛盾突出的基层去,多到困难较多的一线去,多到难点焦点问题聚集的地方去,在克服困难、化解矛盾、解决问题中抓落实、促发展、出实绩。

抓落实,贵在持之以恒,也难在持之以恒。有些地方、部门和单位抓落实之所以成效不佳,往往与缺乏经常抓、反复抓、持久抓有关。如果抓一阵子松一阵子,热一阵子冷一阵子,不能一抓到底,那怎么能把工作落实好呢？抓落实，一定要防止虎头蛇尾。目标确定了，任务明确了，就要咬定青山不放松，不达目的不罢休。

抓落实能不能知难而进、锲而不舍，对领导干部的原则立场是一个现实的考验。坚持党的原则，怀着诚心诚意为人民谋利益的公心办事，这两条对抓好落实工作十分重要。如果不讲原则而讲关系，不讲纪律而讲人情，落实工作就必定做不好或者走样。各级领导干部要始终保持共产党人的高尚情怀和政治本色，正确看待个人的进退得失，正确对待金钱名利。唯有这样，才能做到“心底无私天地宽”，“岂因祸福避趋之”。

四、抓落实必须发扬求真务实、真抓实干的优良作风

求真务实、真抓实干的对立面，就是弄虚作假，搞形式主义。现在，大多数领导干部是能够做到求真务实、真抓实干的，但在有些领导干部中也确实存在着比较严重的形式主义，这必须引起高度重视。比如，在一些地方、部门和单位，规章制度应有尽有，却高高挂起、形同虚设；“文山会海”屡禁不止，习惯于靠会议落实会议、靠文件落实工作；各种检查评比考核过多过滥，催生“形象工程”、政绩工程”；热衷于看风向、赶时髦，喊不着边际的空口号，提不切实际的高指标，求大轰大嗡的所谓“规模效应”；下基层走马观花、蜻蜓点水，不去深入了解群众真实的情况和要求，等等。这些形式主义的东西有一个共同特征，就是重形式轻内容，重口号轻行动，重数量轻质量，重眼前轻长远。搞形式主义，势必造成人力、物力、财力和时间的浪费，助长弄虚作假、投机取巧的心理和好大喜功的浮夸作风，严重损害党和政府的威信。

有一副对联，上联是“你开会我开会大家都开会”，下联是“你发文我发文大家都发文”，横批是“谁来落实”，这是对“文山会海”

的讽刺。开会是为了了解情况、倾听意见、集思广益,发现矛盾、分析矛盾、解决矛盾;制定文件,是为开展和落实各项工作提供遵循和依据。因此,开会和发文件是必要的,也是工作的重要环节。但是会议精神和文件再好,如果不落实,仍会劳而无功。各级领导机关和领导干部都要下个决心,坚决砍掉那些不必要的会议和文件,从“文山会海”中解脱出来,把精力投到抓落实中。

基层是一切工作的落脚点。我们的各项政策措施落实了没有,落实得好不好,基层群众最有实际感受。落实得好、落实得快,群众就拥护;落实得不好、落实得慢,群众就会有反映。因此,抓落实的重心一定要放在基层一线,解决落实不到位问题的思路和办法也要到基层和群众中去寻找。各级领导干部都要坚持眼睛向下看、身子往下沉,深入基层、深入群众开展调查研究,及时了解在上面难以听到、不易看到和意想不到的新情况新问题,掌握第一手资料,向群众问计问策。调查研究要善于总结群众的经验和创造,也要善于发现问题和触及矛盾,以利于不断推进和深化各项工作的落实。

抓落实的工作必须抓得很具体很细致很扎实,这也是发扬求真务实、真抓实干优良作风的必然要求。在一些地方、部门和单位,许多问题客观地存在着,之所以看不到、想不到、抓不到,解决不了,一个重要原因就在于失之于“粗”,失之于“虚”,工作抓得不具体不细致不扎实。古人说,天下大事必作于细。抓落实的过程,也是一个积小胜为大胜、积跬步至千里的过程。从细处入手,落实才会日见成效。有些领导干部总认为自己的任务只是抓大事、管宏观,习惯于坐机关、发指示,而不习惯深入实际、深入群众解决具体问题,不愿意去抓所谓“小事”。这种认识和做法是不全面、不恰当的。领导干部在重大决策和部署做出之后,还要研究具体办法,明确具体责任,一环扣一环地去抓,这样才能实现各项决策和部署的全面落实。

五、抓落实必须树立正确的用人导向和形成完善的工作机制

抓好落实,具有良好的精神状态和优良的作风很重要,建立科学管用的制度和机制同样很重要。要制定强有力的组织措施、考核措施、激励措施,健全抓落实的工作机制。特别是要健全人人负责、层层负责、环环相扣、科学合理、行之有效的工作责任制。有些地方、部门和单位存在工作推诿扯皮现象,与目标责任不明确、工作任务没细化有很大关系。要科学进行责任分解,把目标任务分解到部门、具体到项目、落实到岗位、量化到个人,以责任制促落实、以责任制保成效,形成一级抓一级、层层抓落实的工作局面。要进一步完善巡视督查制度、信息反馈制度、情况通报制度、重大责任追究制度,及时掌握工作进展情况,及时发现带有苗头性、倾向性的问题,及时找出薄弱环节,及时采取有针对性的措施,及时排除工作中的障碍和困难。

抓落实的工作实践,检验着每个干部的思想品质、工作作风和实际能力,也是考察和选用干部的重要依据。用好一个干部,就是树立一面旗帜,就会在一个地方、一个部门、一个单位形成良好的工作氛围。一些地方、部门和单位之所以出现形式主义、官僚主义问题,往往同用人导向有关。评价一个干部,重要的不是看他说什么,而是看他做什么,看他做得怎么样。要抓好工作落实,必须完善领导干部考核评价机制,对干部干与不干、干好干坏、干多干少要有明确的区分,褒奖那些埋头苦干、狠抓落实的干部,教育和调整那些只尚空谈、不干实事的干部,问责和惩处那些因弄虚作假、失职渎职造成重大损失和严重后果的干部,努力营造崇尚实干、恪尽职守、勇于奉献的工作氛围。优良的工作作风是一级一级带出来的,要注重发挥一把手的表率作用和督促作用。有了重视抓落实、善于抓落实的一把手,才能带出抓落实的好班子、好团队。

(这是习近平同志2011年3月1日在中央党校春季学期开学典礼上的讲话。来源:2011年03月15日《学习时报》)

强化制度意识，增强制度执行力

一分部署，九分落实。党的十九届四中全会擘画了坚持和完善中国特色社会主义制度、推进国家治理体系和治理能力现代化的宏伟蓝图。把思想统一到全会精神上来，把行动落实到全会的重大决策部署上来，是当前全党面临的重要政治任务和重大战略任务。

小智治事，大智治制。当今世界正经历百年未有之大变局，我国正处于实现中华民族伟大复兴的关键时期。进入新时代，继续深化改革、扩大开放，继续推动各项事业发展，具有许多新的内涵和特点，其中很重要的一个方面就是制度建设的分量更重、任务更加艰巨。深刻把握时与势，把制度建设和治理能力建设摆在更加突出位置，推动各方面制度更加成熟更加定型，推进国家治理体系和治理能力现代化，是实现“两个一百年”奋斗目标的重大任务，是把新时代改革开放推向前进的根本要求，是应对风险挑战、赢得主动的有力保证。

思想是行动的先导。贯彻落实四中全会精神，必须统一思想、凝心聚力，加强制度理论研究和教育宣传，坚定制度自信。我们要充分认识到我国国家制度和国家治理体系来之不易，具有多方面的显著优势,必须倍加珍惜、始终坚持、不断完善。要坚持从国情出发、从实际出发,既把握长期形成的历史传承,又把握党和人民在我国国家制度和国家治理方面走过的道路、积累的经验、形成的原则,坚定不移走中国特色社会主义道路,在实践中推动中国特色社会主义制度更加成熟更加定型。

制度的生命力在于执行,执行的关键在于执行力。只有把共同的战略目标任务转化为思想和行动自觉,才能增强执行力、展现执行力。要切实强化制度意识,领导干部更应带头维护制度权威,做制度执行的表率,带动全党全社会自觉尊崇制度、严格执行制度、坚决维护制度。健全权威高效的制度执行机制,加强对制度执行的监督,坚决杜绝做选择、搞变通、打折扣等现象,不断增强制度的权威性和执行力,让制度管用见效。

政治路线确定之后,干部就是决定因素。贯彻落实四中全会精神,要把提高治理能力作为新时代干部队伍建设的重大任务。通过加强思想淬炼、政治历练、实践锻炼、专业训练,推动广大干部严格按照制度履行职责、行使权力、开展工作,提高贯彻落实党中央重大决策、战略部署的各项工作能力和水平。要把制度执行力和治理能力作为干部选拔任用、考核评价的重要依据,加快人才制度和政策创新,为推动中国特色社会主义制度不断自我完善和发展、推进国家治理体系和治理能力现代化提供有力人才支撑。(新华网)

学习领会十九届四中全会精神
提高制度的执行力

党的十九届四中全会通过的《中共中央关于坚持和完善中国特色社会主义制度、推进国家治理体系和治理能力现代化若干重大问题的决定》指出："制度的生命力在于执行。各级党委和政府以及各级领导干部要切实强化制度意识，带头维护制度权威，做制度执行的表率，带动全党全社会自觉尊崇制度、严格执行制度、坚决维护制度。"确保全会确定的各项目标任务全面落实到位，必须严格遵守和执行制度，提高制度的执行力。

中国特色社会主义制度是党和人民在长期实践探索中形成的科学制度体系，我国国家治理一切工作和活动都依照中国特色社会主义制度展开，我国国家治理体系和治理能力是中国特色社会主义制度及其执行能力的集中体现。制度是治理的前提，其性质决定了治理的方式。治理依照制度展开，是制度的实践过程。有了好的制度体系，还要有与之相适应、相匹配的有效治理能力。制度执行越有力，治理能力越有效，越能充分发挥制度体系的功能，彰显制度优越性。

狠抓制度执行、注重落实，一直是我们党的优良传统。毛泽东同志要求共产党员一定要有"认真实干"的精神，强调"抓而不紧，等于不抓”。邓小平同志指出，“多干实事、少说空话”，凡事都“要落在实处”。党的十八大以来，制度执行成为推进国家治理体系和治理能力现代化的鲜明特色。习近平总书记多次强调，“要强化制度执行力，加强制度执行的监督，切实把我国制度优势转化为治理效能”。十八届三中全会作出全面深化改革的重大决策部署，推出336项重点改革任务，一大批改革举措落地见效；十九届三中全会审议通过《深化党和国家机构改革方案》，不到3个月时间，25个应挂牌的新组建或重新组建部门全部完成挂牌，经过一年多努力，改革各项工作胜利完成。实践证明，正是我们党把国家制度和治理体系执行到位，将决策部署贯彻到底，才充分激发中国特色社会主义制度的效能优势，推动取得历史性成就。

提高制度执行力，首先要树牢制度自信，自觉尊崇制度，形成制度执行最持久而强大的动力。自信源于实践，70年来我们党带领人民创造了世所罕见的经济快速发展奇迹和社会长期稳定奇迹，取得让世界刮目相看的历史性成就；自信源于人民，70年来特别是改革开放以来，7亿多人摆脱贫困，近14亿人民生活质量和水平大幅提升，我们的制度和治理体系深得人民拥护；自信源于真理，中国特色社会主义制度和国家治理体系以马克思主义为指导，植根中国大地，建立在对客观实际的准确认识上，建立在对历史规律的积极顺应上，建立在对基本国情的深刻把握上，是科学理性、符合中国实际的制度和治理体系。面对具有深厚历史底蕴、显著优势和丰富实践成果的国家制度和治理体系，中国人民最有理由自信。
提高制度执行力，领导干部要强化制度意识、发挥表率作用。《决定》要求，“各级党委和政府以及各级领导干部要切实强化制度意识，带头维护制度权威，做制度执行的表率，带动全党全社会自觉尊崇制度、严格执行制度、坚决维护制度”。“政者,正也。子帅以正,孰敢不正。”领导干部发挥表率作用,领会制度精神、熟知制度内容,不断增强制度意识,营造制度执行的浓厚氛围。要带头执行制度,维护制度权威,要求别人、下级做到的,自己首先做到,严格按制度办事,按制度行使权力,不做选择、不搞变通、不打折扣。要带头捍卫制度,坚持原则、敢抓敢管,坚决同违反制度、破坏制度的行为作斗争,在涉及制度层面的大是大非问题上,旗帜鲜明、立场坚定、毫不含糊。

提高制度执行力,要提高运用制度履行职责的能力和水平。《决定》要求,“通过加强思想淬炼、政治历练、实践锻炼、专业训练,推动广大干部严格按照制度履行职责、行使权力、开展工作,提高推进‘五位一体’总体布局和‘四个全面’战略布局等各项工作能力和水平”。执行制度,既要政治过硬,也要本领高强。要把制度执行同学习贯彻习近平新时代中国特色社会主义思想结合起来,同巩固拓展“不忘初心、牢记使命”主题教育成果结合起来,同做好当前工作、谋划未来部署结合起来,增强学习本领、政治领导本领、改革创新本领、科学发展本领、依法执政本领、群众工作本领、狠抓落实本领、驾驭风险本领,发扬斗争精神,增强斗争本领,在贯彻执行制度中提高工作科学化专业化水平。要把制度执行力作为干部选拔任用、考核评价的重要依据,让严格执行制度、善于在制度轨道上推进事业者上,让违背制度、破坏制度者下,树立鲜明用人导向。

提高制度执行力,要加强制度执行的监督。《决定》要求,“健全权威高效的制度执行机制,加强对制度执行的监督,坚决杜绝做选择、搞变通、打折扣的现象”。要加大制度执行的监督检查力度,开展常态化监督,及时发现和纠正偏离制度的“苗头性、倾向性”问题，动辄则咎。要认真查处和严肃问责严重破坏制度的问题，坚持"制度面前人人平等、执行制度没有例外"，对有令不行、有禁不止、随意变通、恶意规避等行为，发现一起、查处一起，不仅查处直接责任人，还要追究相关领导人员责任，切实维护制度的严肃性权威性。

纪检监察机关是党内监督专责机关，加强对制度执行的监督责无旁贷。《决定》强调坚持和完善党和国家监督体系，把监督工作纳入国家制度和国家治理体系，体现了党中央对新时代纪检监察工作的高度重视、殷切期望。纪检监察机关要做制度执行的表率，全面准确把握全会精神实质和实践要求，不折不扣贯彻执行包括党的领导制度体系、党和国家监督体系等在内的各项制度，带头维护制度权威，严格按照制度履行职责、行使权力。同时，要强化职能职责，充分发挥监督保障执行、促进完善发展作用，突出政治监督，严格日常监督，构建全覆盖的制度执行监督机制，从严明政治纪律和政治规矩的高度破除形式主义、官僚主义，用监督督促执行，用监督检查执行效果，强化制度执行力，保障中国特色社会主义制度切实在坚持中巩固、在完善中发展，有力推进国家治理体系和治理能力现代化，把制度优势更好转化为国家治理效能。

（中央纪委国家监委网站 兰琳宗）

后　记

执行力的实质就是提高抓落实的能力。落实,通俗地讲,就是把口头上讲的、纸上写的东西,把计划、政策、措施等付诸实施,并达到预期目的。从哲学和深层次的意义上讲,落实是一个干部职业操守、人格品质、工作能力、精神状态的综合体现。落实是一种责任。每一名公务人员,都肩负着改革发展之责、为民谋利之责、维护稳定之责,能不能抓好落实,是有没有责任心的体现。责任心强,再困难的事情也能落实;责任心差,再容易的事情也落实不了。落实是一种意志。很多事情在落实的过程中,会遇到这样或那样的困难和阻力,不可能“毕其功于一役”,必须有坚持不懈的韧劲、坚定不移的意志,锲而不舍地抓下去,才能抓出成效,否则就可能前功尽弃、半途而废。落实是一种能力。就政府执政而言,能力主要体现在两个方面,一个是做决策的能力,一个是抓落实的能力。做出决策和制定政策需要切合实际、切实可行,但正确的决策只意味着有了成功的一半,更重要的一半就是认真贯彻落实。

落实是一切工作的归宿。没有落实,再好的决策只能在文案里沉睡;没有落实,再宏伟的蓝图也只能是泡沫里的幻影,可望而不可即。历史经验证明。任何一项工作任务的完成,都是抓落实的结果。落实出生产力,落实出执行力,落实出公信力。事实证明:“说得好不如做得好”,“说一千道一万,不如扎扎实实干一件”。要想在群众心目中有地位、有威信,必须重实干、抓落实、求实效。落实,说明了一个员工和领导者的水平;落实,折射出一个员工和领导者的敬业形象!不能落实就说明了员工和领导者的工作效率不高,工作能力不强。也可以这样说,单位成功与否,不仅在于制度是否健全,关键在于抓"落实"的效果!

抓落实,要有求真务实的工作态度和扎实的工作作风。要想把各项决策、决议真正落实到位,并不是一朝一夕能完成的工作,它是需要付出大量时间和精力的系统工程。没有务实的态度和扎实的作风,是很难做到的。

目标的实现需要真抓实干、需要狠抓落实。在抓落实的过程中,必须让那些有胆、有识、有谋、有略、有能力、有水平,有强烈责任感和使命感的员工和领导以身作则、率先垂范。这样的员工和领导多了,自然会带动并激发群众共同参与、共谋发展的热情,新的目标也必将顺利实现!

《执行力:关键在于落实——"四个干"语境下落实机制研究》,全书共八章。首先用两章的篇幅理性分析了执行力与领导力提升的辩证关系,其次用四章的篇幅重点论述了"四个干"的内涵及相互关系,第三部分用两章篇幅阐释了"四个干"落实机制,对如何把工作落实到位做了深入的探讨和研究。

此外,本书还强调了一个重要的理念:执行力的关键在于落实,落实才是硬道理。也就是说,提高执行力关键在于抓落实:愿不愿抓落实,去不去抓落实,会不会抓落实是每一个领导干部及公务人员都不容忽视的问题。通过本书的阅读,读者将了解到怎样做一个落实型的公务人员,怎样做一个落实型的领导,以及怎样才能在工作中培养落实的意识。

本书不仅是广大基层干部领会提高执行力关键在于抓落实的意义内涵、方法路径的好教材，更是领导干部学习提高执行力、善于抓落实的最佳材料。不论是政府机关还是企事业单位，任何一个组织机构都需要落实。落实的关键在于行动，落实的效果在于结果。因此，落实不仅要付出行动，而且更要取得成果。任何一个伟大的想法除非能转换为具体的行动步骤，否则没有任何意义可言。

本书为作者2017年承担的河北省社会科学基金项目，项目编号：HB17GL084。在本书即将付梓之际，对中共河北省委宣传部、河北省社科院、河北省哲学社会科学联合会、中共河北省委讲师团、中共唐山市委宣传部，特别是对我所在的工作单位中共唐山市委党校的大力支持表示感谢！同时，由于时间仓促和水平有限，书中疏漏不妥之处恳请读者不吝赐教。

愿本书的出版受到各级领导干部以及企事业管理者们的双重欢迎。愿广大读者通过落实提高执行力，以“四个干”落实机制推进战略目标的实现，创造崭新的未来。

高民杰

2019年12月